イスラム国
〝カリフ〟バグダディ氏に
直撃スピリチュアル・
インタビュー

公開霊言

大川隆法
Ryuho Okawa

まえがき

本書の内容を公開収録して、発刊する前に、ジャーナリストの後藤氏も、湯川氏に続いて「悪夢」となったことが報道された。

日本の政府もマスコミも右から左まで激怒している人たちが多い。先進国首脳もそうだ。

安倍首相や菅《すが》官房長官も「リベンジ」（報復）に近い言葉を発しているし、アメリカのオバマ大統領も、世界六十カ国ぐらいで「イスラム国」を包囲殲滅《ほういせんめつ》したいことを述べている。

この大きな流れ自体は変わらないだろうが、せめて、「イスラム国」や〝カリフ〟を称する「バグダディ氏」に関して、冷静に、客観的に分析してみるだけの心の余裕は必要だろう。本書は、宗教ジャーナリズム的手法で、バグダディ氏に世界初の直撃インタビューした記録である。

信じる信じないは各人の自由であるが、宗教がかかわっているマターである以上、私も介入することとした次第である。

二〇一五年　二月三日

幸福《こうふく》の科学《かがく》グループ創始者兼総裁《そうししゃけんそうさい》　大川隆法《おおかわりゅうほう》

イスラム国〝カリフ〟バグダディ氏に直撃スピリチュアル・インタビュー

目次

まえがき　3

イスラム国〝カリフ〟バグダディ氏に直撃《ちょくげき》スピリチュアル・インタビュー

二〇一五年一月三十一日　収録
東京都・幸福の科学総合本部にて

1　渦中《かちゅう》の「イスラム国」トップに〝突撃《とつげき》取材〟を試みる　17
シーア派とスンニ派の二大宗派《しゅうは》が現代まで続くイスラム教　17
イラクのフセイン政権が倒《たお》れて始まった現在の混乱　20

安倍《あべ》首相の中東歴訪中に起きた、
「イスラム国」による「日本人人質《ひとじち》事件」　22
「イスラム国」はオスマン帝国《ていこく》の復活を目指している？　26
バグダディ氏の重要情報提供者にアメリカが一千万ドルの懸賞金《けんしょうきん》　28
人物像の解明に「リーディング」と「守護霊霊言《しゅごれいれいげん》」を
併《あわ》せた手法を試みる　29
バグダディ氏の潜在《せんざい》意識に潜入し、その本心を取材する　31

2　安倍首相の人道支援《しえん》は「イスラムの敵」宣言？　33
「どうして身代金《みのしろきん》を払《はら》わないんだ？」と問うバグダディ霊　33
「安倍首相の二億ドル支援」をどう見ているか　38
「指導者としての〝カリフ〟が今、必要なんだ」　40
バグダディ氏は、現在どのような状態なのか　42
オバマがイスラム教徒という情報はつかんでいる　44

イラクからの米軍の撤退《てったい》は、「イスラム教徒として正しい判断」 45
日本の〝人命第一主義〟を逆手《さかて》に取られた!? 48
日本の「人道支援」を、どう思っているのか 53
国際情勢から見た「日本の立場」を語る 56
「空爆《くうばく》だけしているオバマは卑怯《ひきょう》者だ」 59

3 目指すのは〝大イスラム帝国〟 62
なぜ、「イスラム国」を建てたのか 62
〝大イスラム帝国〟実現の見込《みこ》みとは 66
「イスラム教徒以外の人々の人権」をどう考えているのか 68
「キリスト教の繁栄《はんえい》は終わらせようと思っている」 72
ヨーロッパは「イスラムに吸収されるべき古い文明」 75
「ムハンマドが中東に生まれたらどうするか」を考えている 77
「自分自身が神だ」と〝悟《さと》った〟きっかけとは 80

バグダディ霊が考える「アルカイダとイスラム国の違《ちが》い」　84
「核《かく》兵器保有国に対して、大義のために自爆《じばく》テロを行っている」　87
バグダディ霊は「カリフ」をどう理解しているのか　89
「西洋の考えが入ったイスラム教を粛清《しゅくせい》するのは、当然のこと」　92
4　「イスラム国」に「大義」はあるのか　95
アッラーは「イスラム国」に対し、どのようにお考えだと思うか　95
核兵器のない世界を目指すなら、「イスラム教国」になればよい？　97
〝大イスラム帝国〟における具体的な生活について語る　100
「パリ襲撃《しゅうげき》事件」とその後のデモをどう見るか　103
「イスラム国」が「奴隷《どれい》制」を復活させた理由を問う　107
ムハンマドによる「奴隷解放の勧《すす》め」を、どう考えているのか　111
「奴隷制」について反論するバグダディ霊　114
5　人質事件の「結末」を語る　118

「イスラム国」の財政面が厳しくなっている理由　118
日本人を拘束《こうそく》したのは「お金の問題」からなのか　122
ヨルダンが戦争を仕掛《しか》けた動機を批判するバグダディ霊　124
「女性死刑囚《しけいしゅう》の解放」を要求した本当の目的とは　127
「イスラム国」と「中国」との関係とは　130
アッラーへの信仰《しんこう》以外、
他宗教は無神論と変わらないと考えるバグダディ霊　133
6　**バグダディ氏を指導している「神」とは？**　135
アメリカに対しては「フセインの仇《あだ》を討《う》ちたい」気持ちがある　135
バグダディ氏は直接「アッラー」の声を聴《き》けるのか　139
〝大イスラム帝国〟をつくるための「奴隷制」は正当なのか　143
あくまでも「アッラーに指導されている」と主張するバグダディ霊　147
7　**日本に対する意外な〝見方〟**　153

改革を求める「アッラーの神」、資金を望む「バグダディ氏」　153
今回の人質事件は「安倍総理に対する啓蒙《けいもう》」?　157
「このままなら、イスラム圏は中国に帰属することになる」　159
「イスラム国と日本が共有できる価値観」を考える　161
バグダディ霊に「イスラム国を近代化する意志」を問う　165
「日本への親近感」「キリスト教国への敵対感」を語る　168
「日本の総理が〝戦闘行為《せんとうこうい》〟に参加したことを教えている」　173
同じスンニ派である「ヨルダン」への批判　176
「人間の幸福」や「民主主義」をどう考えているのか　178
「星条旗に誓《ちか》いを立てるアメリカは、神様がいない国家」　180
「アメリカともう一戦してくれ」という日本への願い　182
過去世の時代には「カリフだった」という感じは残っている　183
イスラム圏《けん》に情報発信し、「世界同時革命」を狙《ねら》っている　186

8　今後の中東情勢はどうなるのか　189
「次はイランを盟主《めいしゅ》にすべく、新しい人が出てくる」　189
ユダヤ人によって世界が動かされている状態は看過《かんか》できない　191
「私を殺しても、次から次へと出てくる」　193
「欧米《おうべい》も中国も帝国主義者たちである」という主張　196
「聖なる怒《いか》りも裏にある」ということを知ってほしい　197
「『イスラム国』が潰《つい》えても、次はイランで戦争が起きる」　200
今回の人質事件に対する本心と、日本人へのメッセージ　203
9　バグダディ氏直撃スピリチュアル・インタビューを終えて　206
あとがき　212

「霊言現象《れいげん》」とは、あの世の霊存在の言葉を語り下ろす現象のことをいう。これは高度な悟《さと》りを開いた者に特有のものであり、「霊媒現象《れいばい》」（トランス状態になって意識を失い、霊が一方的にしゃべる現象）とは異なる。外国人霊の霊言の場合には、霊言現象を行う者の言語中枢《ちゅうすう》から、必要な言葉を選び出し、日本語で語ることも可能である。

また、人間の魂《たましい》は原則として六人のグループからなり、あの世に残っている「魂の兄弟」の一人が守護霊《しゅごれい》を務めている。つまり、守護霊は、実は自分自身の魂の一部である。したがって、「守護霊の霊言」とは、いわば本人の潜在《せんざい》意識にアクセスしたものであり、その内容は、その人が潜在意識で考えていること（本心）と考えてよい。

なお、「霊言」は、あくまでも霊人の意見であり、幸福の科学グループとしての見解と矛盾《むじゅん》する内容を含《ふく》む場合がある点、付記しておきたい。

イスラム国〝カリフ〟バグダディ氏に直撃《ちょくげき》スピリチュアル・インタビュー

二〇一五年一月三十一日　収録

東京都・幸福の科学総合本部にて

アブー・バクル・アル・バグダディ（一九七一～）

イスラム教スンニ派の思想に基《もと》づく組織、「イスラム国」の指導者で、カリフ（「代理人」の意味）を名乗る。イラクに生まれ、ムハンマドの出身部族であるクライシュ族の血を引くブーバドリー族の出身と自称《じしょう》している。なお、「イスラム国」は、残虐《ざんぎゃく》なテロ集団という報道がある一方で、スンニ派住民や、カリフ制再興を望んでいた国内外のイスラム教徒から一定の支持を得ているとも伝えられる。

質問者　※質問順

里村英一《さとむらえいいち》（幸福の科学専務理事〔広報・マーケティング企画《きかく》担当〕）

綾織次郎《あやおりじろう》（幸福の科学上級理事 兼《けん》「ザ・リバティ」編集長）

藤井幹久《ふじいもとひさ》（幸福の科学国際本部国際政治局長）

［役職は収録時点のもの］

1　渦中《かちゅう》の「イスラム国」トップに〝突撃《とつげき》取材〟を試みる

シーア派とスンニ派の二大宗派《しゅうは》が現代まで続くイスラム教

大川隆法　今日（二〇一五年一月三十一日）は、今、日本国民がいちばん関心を持っていると思われる、「イスラム国」の情報を取ってみたいと思います。もはや、ほかのマスコミは入れないような状況《じょうきょう》で、情報は取れないでしょう。また、入ったところでたぶん取材できないと思われますが、そこに、宗教ジャーナリズムとして〝突撃《とつげき》〟してみようと考えています。

また、これは、関心が高いだけではなく、危険度も高い仕事であるとは思います。ただ、今のところ、イスラム国から日本へ潜入《せんにゅう》して、いろいろ暴《あば》れるまでの戦力はないと思われるので、今日はなるべく日本語で行いたいと考えています。

さて、「イスラム国のカリフ」を名乗るアブー・バクル・アル・バグダディ氏ですが、この人の人物像は、それほどはっきりはしていません。日本語版の「ニューズウィーク」(二〇一五年二月三日号)でも特集していますが、「自称《じしょう》カリフの平凡《へいぼん》な素顔《すがお》」などと書いてはあるものの、やはり間接情報を中心にしているため、はっきりとは分からないのです。

なお、ご存じかとは思いますが、イスラム教には、大きく分けて、シーア派とスンニ派の二つの流れがあります。

ムハンマドが五七〇年ごろに生まれ、六三二年に六十二歳《さい》ぐらいで亡《な》くなるのですが、そのころに、ムハンマドの片腕《かたうで》をしていたのが三十歳ぐらいだったアリーです。彼は、当然、後継者《こうけいしゃ》になるものだと思っていたのですが、あちらの国にも年功序列があるようで、「ちょっと若すぎる」と言われたのでしょう。そして、〝おじさん〟などが三人ほど間に入り、初代、二代目、三代目のカリフを名乗ったわけです。

ちなみに、この間に、『コーラン』や『ハディース』等の編纂《へんさん》が進んだようではあ

●シーア派とスンニ派　イスラム教の二大宗派。ムハンマドの言行録である『ハディース』を行動規範として重視するスンニ派に対し、シーア派はムハンマドに連なる血統の最高指導者(イマーム)を重視し、イスラム教4代目カリフであるアリー・イブン・アビー・ターリブを初代イマームとしている。

ります。

それで、アリーは、四代目の「正統派カリフ」となったのですが、そのころにはすでに五十代の後半で、ちょうど、（質問者の）里村さんにもう少し年を取らせたような感じになっていました。かつて若いころには、ムハンマドのボディーガードを兼《か》ね、敵に襲《おそ》われるのを承知でムハンマドの代わりに彼のベッドに寝《ね》ていたほど屈強《くっきょう》な方だったのですが、さすがに五十代の後半であったため、カリフになって五年たつかたたないかのうちに暗殺されて亡くなっています。

その後、四代目のアリーの系譜《けいふ》を引く者が「シーア派」と呼ばれる宗派《しゅうは》になり、初代、二代、三代のカリフの系譜を引く者が「スンニ派」と言われ、この二大宗派が現代まで伝わっているわけです。

なお、アリーを正統とするシーア派は、特に有名なところとして、イランなどで

『ムハンマドよ、パリは燃えているか。―表現の自由VS.イスラム的信仰―』（幸福の科学出版）

勢力が強く、どちらかといえば、ムハンマドを預言者的な扱《あつか》いとし、アリーをこそ救世主的な扱いにしていると思われます。

また、スンニ派の流れもずっとあるのですが、これも、単に経典《きょうてん》を編《あ》んだだけの、〝文字の上だけの宗教〟と考えたら間違《まちが》いでしょう。スンニ派のなかにも、けっこう霊的《れいてき》な部分はあって、当会の本のなかに、「スピリチュアルな部分については、●ヘルメスの指導も入っていた」という記述があったかと思います（『救世の法』『中東で何が起こっているのか』〔共に幸福の科学出版刊〕等参照）。

ある意味で、両者は、傾向《けいこう》は違うけれども、イスラム教であることには間違いありません。

イラクのフセイン政権が倒《たお》れて始まった現在の混乱

大川隆法　問題は、先のイラク戦争の結果、イラクのフセイン体制が倒《たお》れてアラブの盟主《めいしゅ》だったサダム・フセインが亡くなってからです。フセインは、イラクの少数

●ヘルメス　ギリシャ神話においてオリンポス十二神の一柱として知られる神で、4300年前にギリシャに実在した英雄。「愛」と「発展」の教えを説き、全ギリシャに繁栄をもたらし、西洋文明の源流となった。地球神エル・カンターレの分身の一人。

派で二割しかないスンニ派の出身だったので、これが倒れたあと、シーア派の政権が立ち、かつて支配階級だったスンニ派は、同じく二割ぐらいのクルド人と、六割を占《し》めるシーア派にいじめられる傾向が生じました。

そして、追い立てられたスンニ派のほうは、何とか新しい拠点《きょてん》をつくらなくてはいけないということで、イラクからシリアにかけて、全部を制圧できないながらも部分的に制圧し、蜘蛛《くも》の巣のように地域を支配したのです。その後、去年（二〇一四年）の六月二十九日に、「イスラム国の樹立」を宣言しました。

また、当初、バグダディ氏は、アルカイダとも協調してやっているということではあったのですが、去年の二月ごろには、アルカイダのほうから、「うちとは無関係だ」というようなことを言われていますから、アルカイダとイスラム国も、若干《じゃっかん》、分かれてきているようです。

おそらく、今は、バグダディ氏が、アルカイダ系の人たちにも参加を呼びかけている状況でしょう。そういう意味で、一生懸命《いっしょうけんめい》にイスラム国の国際宣伝をしているのだと思います。

なお、いろいろな国で、アルカイダ系と思われるグループが、イスラム国への忠誠を誓《ちか》ったりするようなことが出てきてもいます。

安倍《あべ》首相の中東歴訪中に起きた、「イスラム国」による「日本人人質《ひとじち》事件」

大川隆法　さて、日本は、能天気にやってはいたのですけれども、今回、湯川遥菜《ゆかわはるな》さんと後藤健二《ごとうけんじ》さんの二人が人質《ひとじち》になって、身代金を要求されました。つまり、安倍《あべ》首相が中東歴訪中に身代金《みのしろきん》を要求され、それで、がぜん注目を浴びたわけです。

現時点で、湯川さんのほうは、すでに亡くなっているらしいのですが、要求期限は切れたものの、後藤さんのほうはよく分かりません（注。本収録翌日の二月一日、後藤氏が「イスラム国」に殺害されたと報じられた）。

また、それと同時に、攪乱《かくらん》を考えてのことであろうとは思うのですが、イスラム国が拘束《こうそく》しているヨルダンのパイロットも絡《から》めて、後藤さんの解放と引き換《か》えに、ヨルダンにいるイラク人のリシャウィ死刑囚《しけいしゅう》との交換《こうかん》の話が出ています。

この死刑囚は女性であり、夫のほうは自爆《じばく》テロで何十人ものヨルダン人を死なせたのですが、自分のほうは、爆弾《ばくだん》をたくさん巻いて入ったにもかかわらず、爆発しなかったために逮捕《たいほ》され、死刑宣告された人です。おそらく、女性の解放ということで、これには人気取りも入っているのでしょうが、その人と後藤さんの交換を、イスラム国のほうが言ってきたわけです。

しかも、「それに応じなければ、ヨルダン出身のパイロットを殺害する」というようなことを言っているので、ヨルダンのほうからは、「先にパイロットを助けろ」といった運動がだいぶ起きてきています。

なお、これには背景があって、実はヨルダンもスンニ派なのです。ところが、イスラム国もスンニ派で、スンニ派同士であるにもかかわらず、ヨルダンはアメリカとの同盟関係を維持《いじ》するために、米軍に協力し、空爆にも参加しているわけです。つまり、「スンニ派がスンニ派を攻撃《こうげき》している」というようなところがあるので、これに対しては、ヨルダン国内でも、国王に対する反対もけっこうあったのです。おそらく、このあたりの混乱を狙《ねら》って、「パイロットの解放」を絡めてきているのでしょう。

さらに、ヨルダンでは、エリートでなくてはパイロットになれないので、地元の名門部族の子息《しそく》がなっているのですが、そういう人が、イスラム国で墜落《ついらく》して捕獲《ほかく》されているということです。

イスラム国では、「後藤さんとリシャウィ死刑囚との交換に応じなければ、パイロットを殺害する」と言っているわけですが、ヨルダン国内では、「いや、ヨルダンのパイロットのほうを先に解放しろ」というような運動が起きているので、内部分裂《ぶんれつ》というか、イスラム国を攻《せ》めているグループに亀裂《きれつ》を入れようとしているのであろうということは分かります。

一方、日本のほうは参戦したつもりはないのだろうとは思いますが、安倍さんが中東四カ国を歴訪し、二億ドル、つまり、二百四十億円弱のイスラム国対策の援助《えんじょ》を申し出た段階で、実質上、イスラム国としては、「十字軍」というか、「日本がイスラムを攻める軍隊に参戦した」と見なしたのでしょう。それで、「人質二人を殺害する」と予告してきたわけです。

おそらく、日本政府としては、「お金を出すだけであれば戦争にはならない」と思ったのでしょうが、いくら「人道的支援《じんどう》」と言ったところで、お金の使い途《みち》に色は付いておらず、実際上は、「軍資金に当たる」ということです。

特に、ヨルダンなどは、産業もなく、独自では食べていけません。欧米《おうべい》とのつながりが失われたら生活ができなくなるので、信仰《しんこう》よりも同盟関係のほうを優先した面もあったのではないでしょうか。

そういう意味で、いちばん弱いと思われるヨルダンを、イスラム国が今、引っ掻《か》き回しているところかと思います。

「イスラム国」はオスマン帝国《ていこく》の復活を目指している?

大川隆法　ただ、湯川さんのときには（期限が過ぎて）殺されたわけですが、向こうが言った期限を過ぎているにもかかわらず、現時点では、いまだに、ヨルダンの空軍パイロットの情報も、後藤さんの消息も分からない状態にあります。

あるいは、出てこないところを見ると、すでに処刑されている可能性もないわけではないでしょうが、このあたりについては、時々刻々《じじこっこく》、ニュースが変わることがあるので、深入りはしないでおこうかと思います。

やはり、今日のメインポイントは、〝カリフ〟を名乗っている「バグダディ氏」についてです。

確かに、スンニ派は、支配階級から追い立てられる側に回ったため、「結集したい」という力が働くことは推測《すいそく》がつきます。それで、各地に散らばったスンニ派や、アルカイダ系の人たちを集めて、国をつくろうとしているのでしょう。

また、シリア、イラク系にまたがった国だけではなく、さらに地中海辺《へん》まで広げて、「大オスマン帝国《ていこく》の復活」のようなことを目指しているらしいのです。ＩＳＩＳ《アイシス》（イラクとシリアのイスラム国）と言っていたものを、ＩＳＩＬ《アイスル》（イラクとレバントのイスラム国）と言い換えていますが、そういうことのようです。

これを大義として参加してくるか、あるいは、欧米や近隣《きんりん》のイスラム諸国のように、国として認めないか。どちらが正しいのかは、確かに、歴史の中間点で判断するには非常に難しいものがあると思います。こうしたことは結果論ではあるので、国が建ってしまえば正当化される場合もありますし、潰《つぶ》されてしまえば、正当化されずに、単なる反乱軍のように見なされる場合もあるということでしょう。

確かに、身代金を取ったり、人質を殺したりしているため、残虐《ざんぎゃく》で、一般《いっぱん》的には、あまりよい印象はありませんが、あの地域の文化・風習から見れば、よくある話でもあるので、それだけで全部を判断し切れない面もあると思います。

このなかに、「維新の志士」風に、国を建てようとするものがあるのか。あるいは、単なる残虐な性格の持ち主が、過激派、テロ組織の首領として存在しているのか。当会は宗教団体ですので、このあたりを、できるだけ客観的で、公平に探《さぐ》り当てたいと考えています。主観としてはいろいろあろうかと思うのですが、できるだけ、そのあたりを突《つ》き止めてみたいと思います。

あまり決めつけで挑発《ちょうはつ》しすぎないように、淡々《たんたん》と調べを進めて、だんだんに人格像が分かるような感じにしていきたいと考えています。

バグダディ氏の重要情報提供者にアメリカが一千万ドルの懸賞金《けんしょうきん》

大川隆法　ちなみに、〝カリフ〟を名乗っているバグダディ氏の居場所や、彼を拘《こう》束《そく》するための重要情報を提供する者に対しては、アメリカから一千万ドルの懸賞金《けんしょうきん》が出ているので、今、日本円では十二億円近くになるかもしれませんが、私が十二億円をもらえる可能性もあるわけです（笑）。

あるいは、当教団が十二億円をもらえたら、国際本部にとってはかなりの活動資金になる可能性もないわけではないのですが、命と引き換えになる恐《おそ》れもありますので、それはちょっと置いておくとして、どんな人なのかを探ってみたいと思います。『知恵蔵《ちえぞう》』には、「真面目《まじめ》でおとなしく、勉強家であり、大学で宗教学の博士号を取った」とする情報が出ています。また、「ニューズウィーク」などを見ると、どうも、少々怪《あや》しそうな感じで、「高校を卒業してから、フセイン軍に参加して実戦を経験し、銃《じゅう》の使い方等、戦い方をいろいろと学んだけれども、脚色《きゃくしょく》するために、経歴を粉飾《ふんしょく》している」という意見もあるようなので、このへんはあまりよく分からないところがあります。どういう人なのかは分かりません。

人物像の解明に「リーディング」と「守護霊霊言《しゅごれいれいげん》」を併《あわ》せた手法を試みる

大川隆法　そこで、通常であれば守護霊霊言《しゅごれいれいげん》を録《と》るところですが、守護霊と地上の本人とが多少遊離《ゆうり》している可能性があるように感じます。「守護霊が違う時代の、違う国の人」である場合には、現在のバグダディ氏の考えとは多少のズレがある可能性もあるので、やや異例ではありますが、今日はできるだけ、「本人の意識」のなかに参入《さんにゅう》してみたいと考えています。

そういう意味で、通常の「守護霊霊言」とは違うかもしれません。なるべくバグダディ氏の内部に入って、本人の意識を探りたいと思っています。

おそらく、バグダディ氏の本心、本人の嘘《うそ》をつかない答えと思われるようなものが六割程度、守護霊レベルの意見と思われるのが四割ぐらいの混ざり方になるのではないかと思います。

そのように、「リーディング」と「守護霊霊言」とを併《あわ》せたやり方になると思いますので、そう心得《こころえ》てください。

なお、この人はイラク出身ですけれども、彼らの英語はそれほどよく分からないと推定するので、意訳にはなりますが、私のほうで、できるだけ彼の意識を読み取り、「日本語に訳したらこんな感じ」というかたちでお答えしたいと思います。

そのため、多少テンポがずれるかもしれませんが、そのへんはお許し願います。

結局、「この人はどういう人なのか。善か悪か。イスラム圏《けん》再興のために天上界《てんじょうかい》から送られた人間なのか、あるいは、単なる反逆者や犯罪人的な存在なのか」。このあたりのところを探り当ててみたいというのが、今回の本当の狙いです。

本人としては、立場上、反論というか弁明に近くなるでしょうが、それを聞き流しつつも、だんだんに実像をあぶり出していくあたりを狙いたいと考えます。

では、いいですか。

里村　はい。お願いいたします。

バグダディ氏の潜在《せんざい》意識に潜入し、その本心を取材する

大川隆法　これから、今、世界的に注目を浴びている、イスラム国の〝カリフ〟を称しておられるアブー・バクル・アル・バグダディ氏の潜在《せんざい》意識にアプローチをかけ、彼の内心の言葉をお伝えしたいと思います。質問者からの質問に答えるかたち

で、この人の考えていることと等を明らかにすることで、日本国民および世界の人々の参考資料になるものができれば幸いです。

あらゆるマスコミが直接インタビューの不能な状態であるため、宗教的手法ではありますけれども、スピリチュアルな力を使って、この人の内面に〝潜行《せんこう》〟し、潜入取材をかけたいと考えています。

それでは、イスラム国の指導者にして〝カリフ〟を名乗っておられるアブー・バクル・アル・バグダディ氏の心の内に入りたいと思います。

バグダディ氏よ。バグダディ氏よ。

大川隆法の言葉を通じて、日本のみなさまがたに、その心の内、本心を明かしてくださいますよう、お願いいたします。

それでは、〝潜行〟を開始します。

（約二十五秒間の沈黙《ちんもく》）

2　安倍《あべ》首相の人道支援《しえん》は「イスラムの敵」宣言？

「どうして身代金《みのしろきん》を払《はら》わないんだ？」と問うバグダディ霊

バグダディ霊　（苦しそうに）うん、うん。うーん……。うん、うん、うーん……。

里村　「イスラム国」の指導者、アブー・バクル・アル・バグダディ氏でいらっしゃいますでしょうか？

バグダディ霊　……うん、うん。うーん。うん……、うん？

里村　バグダディ氏でいらっしゃいますか？

バグダディ霊　うーん、うん。何だ？　ん？

里村　本日は、スピリチュアル・インタビューという機会を頂きました。

バグダディ霊　ううーん、うん。

里村　ここ日本の、幸福の科学総合本部でお話をお伺《うかが》いいたします。

バグダディ霊　うん、いやあ……、日本？

里村　非常に、稀有《けう》な機会でございますので、どうぞ、よろしくお願いいたします。

バグダディ霊　うーん、「よろしく」と言っても……。

里村　はい。

バグダディ霊　どうして身代金《みのしろきん》を払《はら》わないんだ？

里村　身代金？

バグダディ霊　うん。

里村　それは、今、イスラム国で人質《ひとじち》となっている、後藤健二《ごとうけんじ》さんの身代金ですね？

バグダディ霊　いや、二人分、取れたはずだから。なんでそんな、金が余ってる国なのに、そういう、周りの国に金を渡《わた》して、うちには払わんのだ？　ああ？

里村　それについては、本日、イスラム国の大義や理念、あるいは、バグダディ氏のお考えを聞かせていただいた上で、いろいろな理解が、この日本でも出てきますので、ぜひ、そういう機会にもさせていただきたいと思います。

バグダディ霊　うーん。

里村　そして、今後の話によって、おそらく、また、さまざまな局面も出てくると思います。

バグダディ霊　ああ、お金が出てくると？

里村　その可能性もございます。

バグダディ霊　うん、うん。

里村　それはつまり、今の、イスラム国のみなさん、そして、バグダディ氏が、何を考えて今、行動されているのかという部分が、日本はもちろん、世界のマスコミや世界中の人々が、まだよく分からないのです。

バグダディ霊　うん、うん。

里村　ですから、そうしたお考えを聞かせていただく機会にさせていただきたいと思います。

「安倍首相の二億ドル支援《しえん》」をどう見ているか

バグダディ霊　うーん……。しかしなあ、安倍《あべ》はなあ、近隣《きんりん》の国に、これ見よがしになあ、二億ドル、ばら撒《ま》きに行ってさ。

里村　はい。

バグダディ霊　その場で、日本人が拉致《らち》されていることを承知しながらだなあ、われらを攻《せ》めるための資金は彼らに与《あた》えて、われらが日本人を解放してやろうとしておるのに、それに対し、金を払わんというケチぶりを示したから。これはおまえたちの〝カリフ〟としては、処刑《しょけい》されてもしかたがないんじゃないか。

里村　ただ、安倍首相の、日本政府の言葉で言えば、「人道支援《しえん》である」ということです。ある意味で、バグダディ氏にとっても大切な「中東の地」の、「平和をつくるための資金援助だ」という説明もございます。

バグダディ霊　いやあ、そんなものは通らん。

里村　通らない？

バグダディ霊　だから、「アメリカとの軍事同盟がある」ということを世界に誇示《こじ》したということだな？「イスラムの敵になることを、日本人が初めて宣言した」ってことだな？

里村　ただ、イスラム教をベースとする国々への支援でございますので。

バグダディ霊　いや、うちもイスラム教を、ベースとしているから。

里村　そこはそうなんですが、ただ、そのイスラム国が、あまりにも急に、「国」として出てきたために、まだ考えが分からないのです。

バグダディ霊　遅《おそ》い、早いは関係ないだろう。ん？

「指導者としての〝カリフ〟が今、必要なんだ」

里村　ですから、どこの国もまだ、イスラム国がよく分からないので、「国家としての承認というのは、まだ出ていない」という状態です。

バグダディ霊　うん。指導者を欲《ほっ》しておるのだからなあ。正しいイスラム教としてね。

里村　ええ。

バグダディ霊　指導者が必要なんだ、今。〝カリフ〟が今、必要なんだ。

里村　なるほど。

バグダディ霊　今、イスラムの国が、わが国を攻めておるということ自体、これは非常に異常事態であってですな。スンニ派、シーア派とも攻めてきておるが、これは、キリスト教国と一緒《いっしょ》になり、また、ユダヤ教国と一緒になって攻めてくるっていうようなことで、これは異常であるので。彼らは、もう、「信仰《しんこう》を捨てた者」と、だいたい見られるなあ。うん。

里村　バグダディ氏も今、「異常だ」とおっしゃいましたけれども、イスラム教徒でないわれわれから見ると、イスラム教徒のなかで、スンニ派とシーア派の殺し合いが起きているわけです。さらに、イスラム国の動きを見ていると、同じスンニ派の人でも殺す場合が多々あるということで、非常に分かりにくい構図になっております。そのあたりについても、本日は、ぜひ、「なぜ、そうなるのか」をお聞かせいただきたいと思います。

バグダディ霊　うーん。

バグダディ氏は、現在どのような状態なのか

里村　まず、バグダディ氏ご本人は、昨年末に、アメリカの攻撃《こうげき》によって、非常に大きな負傷《ふしょう》をされたという報道も出ています。今、お体の具合は、いかがでいらっしゃいますか？

バグダディ霊　うーん……。まあ、言うわけにはいかんでしょう、そんなの。「アメリカが、有効打を与えた」みたいなことを、わしが言うわけにいかんでしょう。

綾織　バグダディ氏は、地上で生きていらっしゃる状態ですよね？

バグダディ霊　まだ死んでないよ。

綾織　死んではいらっしゃらない。なるほど。

バグダディ霊　ああ、生きてるし、頭も動いておるよ。

里村　頭はきちんと動いているし、指示を出されている状態であるということですね。

バグダディ霊　うん。今、世界各地にこれから反撃を加えるからなあ。アメリカの大統領の命も、そう長くはないかもしらんなあ。

オバマがイスラム教徒という情報はつかんでいる

バグダディ霊　あの、フセイン・オバマ（オバマ米大統領のフルネームは、バラク・フセイン・オバマ）。ええ？　イスラム教徒のくせに。ええ？　アメリカの大統領を乗っ取ったくせに。アメリカ軍を逆転させて、キリスト教国を滅《ほろ》ぼすために使わないかん。なあ？

情報はつかんでおる。

里村　「情報はつかんでいる」？

バグダディ霊　うん。あれは、イスラム教徒の小学校に行って、アッラーを呼ぶために祈《いの》っとったはずだ。ええ？　経歴を詐称《さしょう》しよってからに、わしのことだけ言うな。あいつも経歴詐称だ。イスラム教徒だ、あいつは。〝洗礼《せんれい》〟を受けてる（注。イスラム教では、「信仰告白」が洗礼に当たる）。あいつの、男のあそこの印《しるし》を調べてみい。割礼《かつれい》が入っとるか、入っとらんか、調べないかんぞ。

里村　うん。

バグダディ霊　入っとったら、クリスチャンではないぞ。うーん。

イラクからの米軍の撤退《てったい》は、「イスラム教徒として正しい判断」

綾織　ただ、オバマ大統領の、イラクからの米軍の撤退《てったい》がありましたよね。

バグダディ霊　うん。

綾織　この結果、「イスラム国ができてくる下地《したじ》をつくった」という意味では、もしかしたら、味方をしているのかもしれないですね。

バグダディ霊　まあ、米軍の撤退は、「オバマがイスラム教徒として正しい判断をした」というふうに思うがなあ。

里村　なるほど。

バグダディ霊　うん。そうしなきゃいかんわな。そういうこと（イラクへの進攻《しんこう》）は、いけないことだからなあ。

それを、急にキリスト教徒のふりをしようとして、今また、頑張《がんば》り始めて。もう、クビなんだからさあ、もうすぐ。もう、辞《や》めろよ。ちゃんと意見を言え、向こうに。

里村　バグダディ氏からご覧になると、「オバマは改宗者であり、イスラム教徒と認められない」ということでしょうか。

バグダディ霊　いやあ、イスラム教徒だよ。イスラム教。だから、うちを攻めとるイスラム教徒とおんなじ。キリスト教の皮を被《かぶ》った、イスラム教徒だよ。

本心は……、あれは、本当は、もう、地獄《じごく》に堕《お》ちるのが怖《こわ》くて怖くて、しょうがないんだろう。たぶんな。

里村　ほお。

バグダディ霊　うん。ムハンマド様が許すわけがないだろう。ああいう〝逆臣《ぎゃくしん》〟は。

里村　ほお。

バグダディ霊　うん。うん。

日本の〝人命第一主義〟を逆手《さかて》に取られた!?

里村　今、ムハンマド様の名前まで出たのですが、話を現在のところから始めますと、イスラム国は、今回、日本人を人質に取りました。安倍が、その二億ドルを使って……。

バグダディ霊　ほお。おまえ、なかなかいいやつだなあ。「安倍」と呼び捨てたな(会場笑)。それは、いい心掛《こころが》けだ。「もう、日本人を辞めた」という宣言だな、それは。よしよし。

里村　つい……（苦笑）。まあ、あの……。

バグダディ霊　日本人を辞めたんだな。おまえは、もうイスラム国の人間にしてやろう。うん。

里村　あの、別にですね、私は、安倍首相とは、中立な立場ですので……。

バグダディ霊　ああ、忠誠はない。よしよし。

里村　いや、正直に言って、中立的な立場ですので。

バグダディ霊　ああ、中立。

里村　はい。決して、部下ではありませんので、日本の総理に対して、いちいち肩《かた》書《がき》とかはつけませんけれども。

バグダディ霊　ふーん。

里村　ええ。やはり、それが動機ですか？

バグダディ霊　うん？

里村　安倍が、「人道支援のために二億ドルをばら撒《ま》く」と言ったことに対する……。

バグダディ霊　いや、あれは本来、安倍を殺害しないといかんのだけども、殺害するには、ちょっと戦力的に無理はあったのでなあ。（安倍は）他国を移動してるので、まあ、無理はあった感じ……。

里村　はい。

バグダディ霊　本来なら、安倍を待ち受けて襲撃《しゅうげき》しなきゃいけないもんだ。

綾織　イスラム国は去年（二〇一四年）の八月と十月に、二人の日本人を拘束《こうそく》したのですが、最初から日本人を狙《ねら》っていたのですか。日本人の人質を取って、身代金を要求するのも狙っていた？

バグダディ霊　まあ、あれは「呼び水《みず》」であってなあ。あれを「餌《えさ》」にして、日本人の、もうちょっと地位のある人間を呼び寄せて、それを引っ捕《と》らえていくのが目的ではあったんだがなあ、本当は。

里村　ほお。

綾織　やはり、日本を狙っているわけですね。

バグダディ霊　うん。まあ、とにかく、アメリカがイスラム国攻撃の中心であることは事実ではあるからねえ。だから、「日米同盟」のところを揺《ゆ》さぶらねばならんからなあ。

里村　はい。

バグダディ霊　日本はとにかく、「命《いのち》、第一」だろ？

里村　うん。

バグダディ霊　「人命《じんめい》第一」だろ？　だから、日本人としては殺してもらいたくない人を、とっ捕《つか》まえることができれば、揺さぶりをかけられる。それを解放してほしいということになれば、日米同盟だって亀裂《きれつ》が入るわなあ。

日本の「人道支援《しえん》」を、どう思っているのか

里村　そうすると、バグダディ氏のお考えでは、日米同盟のなかの日本を、弱い部分として狙ったわけですが、そもそも日本や日本人に対しては、どういう見方をされていたのですか。

バグダディ霊　うーん。まあ、もともとは中立ではあったが。やっぱり、前回、いちおう「人道支援《しえん》」と称《しょう》しながら、イラクに自衛隊を派遣《はけん》してきたあたりからは、もう警戒《けいかい》し始めてはいるわなあ。

里村　うん。

バグダディ霊　まあ、「人道支援」と言葉は言うても、結局は、軍隊がやらなければいかん仕事の一部をやってるわけだからな。ほかの国の軍隊の数が少なくてもいいように、支援してるわけだ。あのあたりから、「これは、日本にも鉄槌《てっつい》を加えなければいかん」と思ってるわなあ。

里村　なるほど。ただ、当時、イラクのサマワでは、「水の確保」だとか、「教育支援」だとかで、いろんな部族の方たちからも感謝はあったわけですけれども。

バグダディ霊　そんなのは「善行《ぜんこう》」じゃないんだよ。自分らが破壊《はかい》したものを元に戻《もど》すための「贖罪《しょくざい》」だからね。

里村　その破壊はアメリカによるものですよ。

バグダディ霊　いや、それは、「アメリカの破壊」は「あなたがた（日本人）の破壊」と同じで、同罪だから。

里村　つまり、あくまでアメリカとのつながりにおいて、日本に対するお怒《いか》りがあるようですけれども。

バグダディ霊　結局、アメリカを助けてるんでしょ？　「人道支援」とか言って。

里村　それは、現在の政治情勢から生まれた状況《じょうきょう》ですが……。

バグダディ霊　うん、うん。

国際情勢から見た「日本の立場」を語る

里村　アメリカとの日米同盟を外して考えますと、日本という国家に対して、基本的に中東の国々からは、比較《ひかく》的好意的な見方をされていたと思います。バグダディ氏は日本という国を、そもそもどのようにご覧になっているのですか。

バグダディ霊　うーん、油を買ってくれて、金を払ってくれる分には、「お客さん」だよ。日本はね、いいお客。

里村　うん、うん。

バグダディ霊　お客さんだけども、「イスラムの国々を攻撃する国を支援する」ってことになったら、それはちょっと考えなきゃいけないわねえ。

だから、日本は今、原子力問題で揺れて。なあ？

里村　はい。

バグダディ霊　震災《しんさい》があってなあ、自分でエネルギーをつくれない状態になっとるだろう？　これで中東の油が止まったら、日本は終わりだわな、はっきり言ってな。先進国から転落するだろう。もう、中国にも捕らわれるような状況になっとるだろう？　それは分かっとる。

里村　うん。

バグダディ霊　火力発電が、たぶん九割近くになっとるんだろう。これ、油が止まったら終わりだな。だから、今、中東が戦火に焼かれて、もう、油の供給が不安定になったら、日本という国は滅びるわなあ。

里村　うん。

バグダディ霊　ああ、非常に危機的な状況だなあ。そこらへんまでの国際情勢は、ちゃんと読んでおるんだよ。

里村　日本の崩壊《ほうかい》をお望みですか？

バグダディ霊　いやあ、別にそういう意味じゃない。日本は〝盲腸《もうちょう》〟だからね。

里村　盲腸？

バグダディ霊　まあ、言ってみりゃあ、ここ（日本）を押《お》さえれば、アメリカが苦しむから。

「空爆《くうばく》だけしているオバマは卑怯《ひきょう》者だ」

綾織　今のモチベーションとしては、「アメリカに、とにかく反撃を食《く》らわせたい」というのがいちばんの理由なんですか。

バグダディ霊　まあ、とりあえずなあ、あの裏切り者で、嘘《うそ》つきのフセイン・オバマを、なあ? ノーベル平和賞をもらった段階で、米軍を全世界から撤退させる運動まで持っていかないといかんわけだからなあ。うーん。

綾織　今、アフガンもそうですし、イラクもそうですが、アメリカは中東からどんどん退《ひ》いていっています。

バグダディ霊　あいつ(オバマ)って卑怯《ひきょう》者だよな。空爆《くうばく》だけしてなあ、地上軍は送らずに、アメリカ人は一人も死なないようにして。

あと、現地のシリアやトルコ辺りの人から民兵を募《つの》って訓練して、同類の人間同士の殺し合い、地上戦をやらそうとしている。

まあ、だから、金が問題だな?

里村　うーん。

バグダディ霊　結局、「金」と「武器」の問題だろう？

綾織　うん。

バグダディ霊　武器・弾薬《だんやく》は金の補充《ほじゅう》ができれば、できるわなあ。だから、地元の人間同士を戦わそうとしてる。ただ、「死ぬなら、アメリカ人もよこせ」ということだよなあ。

3　目指すのは〝大イスラム帝国《ていこく》〟

なぜ、「イスラム国」を建てたのか

里村　われわれも、アメリカの思考だとか行動については、いろんな問題があるというふうに思っておりますけれども……。

バグダディ霊　いろんな問題がなあ。

里村　本当に、日本との絡《から》みにおいても、いろいろな問題があると思っています。そのアメリカに対して、反旗《はんき》を翻《ひるがえ》したオサマ・ビン・ラディン氏などがいました。

バグダディ霊　おお、あれは英雄《えいゆう》だよ。

里村　そのビン・ラディン氏との関係も、ぜひ、あとでお伺《うかが》いしたいと思います。

バグダディ霊　うん、うん、うん。

里村　ただ、今までのビン・ラディン氏らの動きは、あくまでアメリカに対するアンチとしての、「グループ」の動きでした。

バグダディ霊　うん、うん。

里村　ところが、今回、バグダディ氏は、ある意味で、コストのかかる「国家」というシステムのほうを選ばれて、「イスラム国」という名前を付けました。

バグダディ霊　うん、うーん。

里村　なぜ、いわゆる「過激派グループ」というような、ゲリラ的な動きではなくて、「国家」という体制を、わざわざ選ばれたのでしょうか。これについて教えていただきたいのです。

バグダディ霊　ビン・ラディンはねえ、「先触《さきぶ》れのヨハネ」のような「預言者」よ。俺《おれ》は「救世主」だからさあ、国を建てるのが目的だからなあ。救世主は、宗教的にも政治的にも勝たねばならんからね。

やっぱり、今、イスラムはバラバラになって、欧米《おうべい》諸国に引き裂《さ》かれて、崩壊《ほうかい》・壊滅《かいめつ》に追い込《こ》まれようとしている。

里村　はい。

バグダディ霊　だから……、チュニジア辺りから「アラブの春」とか称《しょう》して民主化運動がいっぱい起きて、なんか、〝ツイッター革命〟だか何だか知らんけど、まあ、そういうので民衆が権力を持つように仕向けて。

アメリカの策謀《さくぼう》だよな、これはな。陰謀《いんぼう》だ。アメリカのコンピュータ会社の陰謀で、そういうもので政治権力を覆《くつがえ》そうとする運動を広げて、民主化を進めて、イスラムの信仰《しんこう》に基《もと》づく政治原理を壊《こわ》そうとしている。もう、目茶苦茶《めちゃくちゃ》にしようとしてるから。

今、これらから（イスラムを）守るためには「求心力《きゅうしんりょく》」が必要なので、国家を建てて、強力な力が必要だ。サダム・フセインに成り代わり、それを超《こ》える力が今、必要だということだな。

●**アラブの春**　2010年のチュニジアで勃発した反体制運動（ジャスミン革命）に端を発し、アラブ世界全体へと波及した大規模な反政府デモ・抗議活動のこと。デモ情報等が、フェイスブックやツイッターなどを通して拡散されたことでも注目を集めた。

〝大イスラム帝国《ていこく》〟実現の見込《みこ》みとは

綾織　具体的に目指しているところで、発表されているものとして、「インド辺りからヨーロッパの南辺りまで、全部を一つのイスラム帝国《ていこく》にする」というようなことを言っていると思います。

バグダディ霊　うん。

綾織　実際にそれを目指して、具体的に動いているということですか。

バグダディ霊　ああ、それは「イスラムの夢」だからな。かつての〝大イスラム帝国〟はそんなもんだから。

綾織　ただ、それは……。

バグダディ霊　「サラセン帝国」と言ったらいいな（注。ムハンマドの死後に始まる正統カリフ時代から、一九二二年に崩壊したオスマン帝国までの諸帝国を指す。狭義《きょうぎ》では、アッバース朝を指す）。

綾織　ああ、なるほど。ただ現実には、「他のイスラム諸国からは支持をされていない」という現状があるのですが。

バグダディ霊　それは現時点であって、うちが大きくなれば、帰依《きえ》するようになるわけ。帰順《きじゅん》する。

綾織　ほう。

バグダディ霊　うん。大きくなったらついてくる。

里村　うーん。

「イスラム教徒以外の人々の人権」をどう考えているのか

藤井　「中東からアメリカを撤退《てったい》させたいという意図がある」ということなのですが、もし、そうなった場合、その後の世界は、どんな価値観で、何を目指して、何をつくろうとして……。

バグダディ霊　いや、イスラムは、また、世界最高の文明を持つようになるんだ。

藤井　今のところ、欧米の報道では、例えば、「異教徒を奴隷《どれい》化する」などと言われています。

バグダディ霊　うーん。

藤井　これは、あくまでも、「欧米の価値観からすると」ですけれども、「人権的にどうなんだ」という声が非常に大きく、このあたりに対して、何か、反論と言いますか……。

バグダディ霊　うん？　じ……、何？

藤井　「人権問題」です。

バグダディ霊　何の人権問題？

藤井　「信教の自由」ですとか……。

バグダディ霊　どこの人権？　誰《だれ》の人権だ？

里村　「欧米人が言うところの」です。

藤井　イスラム教徒ではない人々です。

バグダディ霊　イスラム教徒でない人たちは、いくら殺しても構わないんだから。それは、もう、ムハンマドが認めてることだから、構わないのよ。人権なんていうものは存在しないよ。

綾織　一方で、イスラム教徒の方も殺していますよね？

バグダディ霊　それは、正しい信仰を持ってない人たちは、もはや、悪魔《あくま》に乗っ取られているからね。

綾織　ただ、真偽《しんぎ》は定《さだ》かではありませんが、「サッカーを観戦していた少年を十数人殺した」というニュースも出ています。彼らは、イスラム教徒の子供たちなのですけれども。

バグダディ霊　まあ、わしも、サッカーをやっておったことがあるので。

綾織　そうですね。

バグダディ霊　神聖なスポーツではあるからして、そういうところに〝不純なもの〟が混ざっている場合は、ちょっと、〝異物〟を取り除かないといかん場合もあるわな。

綾織　そういう子供たちも……。

バグダディ霊　ただ、それは、細《こま》かい話であるがゆえに、国全体の問題として考えるには、ちょっと細かすぎるので、細かい事情については分かりかねるものはあるが。まあ、何らかの、イスラム的でないものを感知して、排除《はいじょ》されたんだろうと思うがな。

「キリスト教の繁栄《はんえい》は終わらせようと思っている」

里村　そうすると、中東からヨーロッパの一部、あるいは、インドの近くまで含《ふく》めて、先ほど、「かつてのオスマン帝国、あるいは、サラセン帝国にする」というお言葉もございましたけれども、こういうものをつくりつつも、「ほかの国々は国々としての存在のまま、イスラム教が広がっていく」というかたちを、今は望んでいらっしゃるのですか。

バグダディ霊　うん？

里村　例えば、北アメリカ大陸にはアメリカという国があり、カナダという国がございますが、「こうしたほかの国々までも、イスラム帝国にしていく」というお考えですか。それとも、「イスラム教の国々にしていく」という……。

バグダディ霊　いやあ、別にねえ、全部を支配しようとは思っとらんよ。

里村　思っていらっしゃらない？

バグダディ霊　ただ、キリスト教の繁栄《はんえい》は終わらせようとは思ってる。没落《ぼつらく》していく分には、構わないからね。

里村　はい。

バグダディ霊　本当は、ムハンマドがイスラムを樹立した段階で、キリスト教は、終わりを迎《むか》えることが予定されているものなのよ。それが、もう、一千三百年も生き長らえている。誰かが、とどめを刺《さ》してやらねばいかんのでなあ。

綾織　その、「とどめを刺す」というのは、具体的に言えば、「今後、アメリカに対するテロを行っていく」ということになるのですか。

バグダディ霊　だから、キリスト教文明が世界最高に進んでるかのようなグローバリズムを、彼らは広げておるんだろうけれども、「キリスト教文明なるものは、滅《ほろ》び去ったアメリカ・インディアン文明のようなものだ」というふうに、歴史的に認識させる。

ヨーロッパは「イスラムに吸収されるべき古い文明」

里村　アメリカもありますが、一方で、例えば、キリスト教のカトリックの中心が、バチカンにあります。そして、今、現在のローマ法王が、アメリカとキューバの国交正常化の問題等で、動いたりしております。

バグダディ霊　うん。

里村　そうしたバチカンとか、ヨーロッパなどのほうは、どういうことになるのでしょうか。

バグダディ霊　まあ、あの辺りは、イスラム圏《けん》でいいんじゃないか。

里村　あの辺りは、イスラム圏になってもいい？

バグダディ霊　もともと、地中海の周辺までイスラム圏だからさあ。

里村　ええ。スペインも含めて、そうですね。

バグダディ霊　だから、先進文明であるイスラムに吸収されるべき、古い文明だよな。ああいう、カトリックのキリスト教っていうのは古い文明で、キリスト教でさえついていけなくなって、プロテスタントをつくったぐらいだから、本来、イスラム圏にいなきゃいけない。
それに、ＥＵからも、もう、追放されかかっとるからなあ。あの貧乏《びんぼう》なカトリック圏はなあ。

里村　はい。

バグダディ霊　だから、まあ、吸収してやろうとは思っておる。

「ムハンマドが中東に生まれたらどうするか」を考えている

里村　そうすると、今までのいろいろな報道を通じて、例えば、「イスラム国のバグダディ氏の考え、狙《ねら》いは、二十世紀の初頭に、イギリスやフランスなどによって、人為《じんい》的に国境線が引かれ、勝手に国が分割《ぶんかつ》されてつくられたものを、元の状態に戻《もど》そういう運動か」というような理解も、私《わたくし》どもにはあったのですが、もう一段広い範囲《はんい》で、大きくイスラム圏を広げていくという……。

バグダディ霊　まあ、結局、私は、「ムハンマドが、もう一回、中東に生まれて、やり直すとしたらどうするか」っていうことをやろうとしてるだけのことだから。

里村　バグダディ氏は、いつごろから、そのようにお考えだったのでしょうか。

バグダディ霊　ええ？　だから、私は救世主だからね。

里村　その救世主としての自分の役割、お仕事を認識されたのは、いつごろになるのですか。例えば、イラクで学ばれていた学生時代とか。

バグダディ霊 うーん。

里村 あるいは、二〇〇〇年代に入ってからは、アメリカに捕《と》らえられた時期があったとも言われております。収容所で、そういう考えになったのでしょうか。

バグダディ霊 うーん。私はねえ、君たちが思ってるより、若いんですよ。

里村 はい。

バグダディ霊 若い人間なんだ。君たちみたいな年寄りじゃないんで。もっと若いんですよ。

里村 一九七一年生まれで。

バグダディ霊　ええ？　だからねえ、寿命《じゅみょう》さえあれば、世界の地図は塗《ぬ》り替《か》えてみせよう。

里村　はあ。

バグダディ霊　まあ、爆弾《ばくだん》を落としたりしてるから、ちょっと、危ねえことは危ないんだけども。

「自分自身が神だ」と〝悟《さと》った〟きっかけとは

里村　ただ、「信仰に対して非常に敬虔《けいけん》であり、無口であった」と言われたバグダディ少年は、どこで、「時間さえあれば、世界を支配できる」というような考えをお持ちになったのですか。

バグダディ霊　いやあ、それは、もうねえ、「わし自身が神だ」と悟《さと》ったんだな。

里村　悟った？

バグダディ霊　うん、うーん。

里村　ほお。神ですね……。

バグダディ霊　だからねえ、サダム・フセインが倒《たお》れ、オサマ・ビン・ラディンが倒れた段階で、わし自身が神だと悟ったね。もう、「神のすべての願いは私に託《たく》された」と思ったね。

里村　やはり、オサマ・ビン・ラディンが死んだあたりが、大きな転機になったわけですか。

バグダディ霊　うーん。だから、先行する者たちがいたうちは、まだメンバーの一人であったんだけれども、もう、「誰かが立たねばならん」という感じはあって、「このままだと、欧米流戦略で、イスラム系の諸国はズタズタにされていくだろう」ということは明らかだった。

里村　なるほど。

バグダディ霊　どうも、あれだねえ。コンピュータ系のインターネット会社等は、やっぱり、アメリカのCIAの手先だよな。やつらによってイスラム圏を攪乱《かくらん》する目的があって、道具によって人間を支配しようと目論《もくろ》んでるな、どうもなあ。これを、何とか止《と》めないといけないのでねえ。

それで、今、逆襲《ぎゃくしゅう》するために、そういうツールも使いながら、世界に情報を発信してるんだけどねえ。

里村　はあ。

バグダディ霊　まあ、この中東の地域を越《こ》えて、アフリカやヨーロッパや、あるいはパキスタンやインドネシア、マレーシアなどの、イスラム圏全部を統合したいと思ってる。

里村　おお……。

バグダディ霊　世界の大きな勢力圏をつくり直したいと思っているので、私の使命としては、「ムハンマドから、直接、バトンをタッチされたようなかたち」でやりたいなあと思っている。

里村　はあ。

バグダディ霊が考える「アルカイダとイスラム国の違《ちが》い」

綾織　以前は、「アルカイダ系と共闘《きょうとう》していく」という路線を取っていたわけですが……。

バグダディ霊　いや、まあ、向こうは先発してたからね。

綾織　はい。ただ、今、アルカイダは、ザワヒリという人が中心となってやっていると思うのですが、この人から逆に縁《えん》を切られたことが、イスラム国の建国の宣言というところにつながっています。

バグダディ霊　いやあ、「縁を切られた」っていうか、考えに、ちょっと差はあったわけだ。

綾織　はい。

バグダディ霊　アルカイダは、しょせんねえ……。まあ、手段としては、もちろん、抵抗《ていこう》し、反撃《はんげき》し、反抗するための暴力は必要な面もあるけれども、しょせん、志《こころざし》がね。しょせん、これはテロリストですよ、アルカイダっていうのは。うちは、テロリストじゃないんですよ。

綾織　ほお。

バグダディ霊　手段的には、そらあ、似たところは取りますけどね。

綾織　はい。

バグダディ霊　とりあえず、今のところ、劣勢《れっせい》なので。軍事的にはね。まだ劣勢だから、テロリストに似た行動は取るけども、それが最終目的ではないので。

われわれは、「イスラム国家の樹立」、新しい「ニュー・ステイツ」をつくるつもりでやっているので、その大志から見れば、多少の同朋《どうほう》が犠牲《ぎせい》になることもあれば、キリスト教圏の人や日本人やイスラエル人が死ぬぐらいのことは……。

まあ、神は、三億人が死ぬぐらいは許されたもうだろう。

里村　うーん。「その使命のためには」ですか。

バグダディ霊　新しい〝イスラム大帝国〟ができるためには、その程度の……。「核《かく》兵器保有国に対して、大義のために自爆《じばく》テロを行っている」

綾織　それが、もし、正統なものであるとするならば、カリフを名乗っていらっしゃいますので……。

バグダディ霊　「正統なものであるとするならば」でなくて、「正統」なんだよ。

里村　正統であると。

バグダディ霊　うーん。それで、私たちを滅ぼそうとしている国は……。君たちねえ、私たちは、実に、平和的手段で戦っておるのだよ。

里村　ほお。

バグダディ霊　核兵器《かく》で武装してる国たちと戦ってるんだよ。この立場の違《ちが》いが分かるかね？

綾織　うーん。

バグダディ霊　君たちは、「一国平和主義」で、ただ、核兵器も持たずに生活しておるし、「攻《せ》められなきゃそれでいい」という考えなんだろうけど、われわれは、すでに攻められておるからね。

里村　はい。

バグダディ霊　核兵器を持ってる国に攻められておる。「これと対抗するには、君らだったらどうするか」って言ったってねえ……。それは、自分の身を犠牲にしてまで自爆《じばく》テロをやっていて、これを非難する者は多いけど、これは、かつての日本軍の最期《さいご》を非難するのと変わらないと思うんだ。

大義があれば、自分の命も捨ててやってるわけで、これは、やっぱり、アッラーのために、あの世を信じてやっている者たちの行為であって、この世的にだけ、自分らの文明が栄えればいいと思ってる大国主義とは違うものなんだ。

バグダディ霊は「カリフ」をどう理解しているのか

里村　大義の部分については、なるほどと思うのですが、ただ、カリフ……。

バグダディ霊　帰依するか？

里村　いやっ、帰依については、インタビューを終えてから考えさせていただきます。

バグダディ霊　ああ。うーん。

里村　ただ、「カリフを名乗る」という部分で……。

バグダディ霊　何が悪い？　何が悪いの。

里村　ある意味で、ほかのイスラム諸国の反発も買ったので、マイナスであったのではないでしょうか。

バグダディ霊　ヨルダンに生まれただけで国王になれる人がいるんだから。それに比べれば、「実力でカリフになる」っていうのは、ムハンマドとそっくりじゃないですか。

綾織　軍人などとしては、そうなのかもしれませんが……。

バグダディ霊　いや、宗教家ですよ。

綾織　はい。では、宗教家として、そのカリフというのは……。

バグダディ霊　イスラムは、だいたい、宗教軍事家、軍事宗教家ですからね。

綾織　「イスラム法に基づいて判断を下《くだ》す」というところが、カリフの役割なわけですが、その部分を、私どもとか、あるいは、ほかのイスラム圏の人々に説得できる材料は、何かありますか。

バグダディ霊　だから、君らには分かりにくいだろうけれども、（カリフは）「宗教的な最高指導者 兼《けん》 大統領」なわけですよ。

だから、宗教政治家なわけで。まあ、今の日本の天皇は、ちょっと力が弱いようだけども、かつての日本の天皇のような、「宗教的な最高権威《けんい》であると同時に、政治的な最高実力者でもある」っていうのが、カリフなんですよ。

だから、日本と同じなんです。システムはね。

「西洋の考えが入ったイスラム教を粛清《しゅくせい》するのは、当然のこと」

綾織　イスラム法に基づいて判断をし、ご自身も行動され、イスラム国も治められているのであれば分かるのですが、ほかのイスラム法学者から見ても、「明らかにイスラム法に反している」というように見られているわけです。その点については、どのようにご判断されますか。

バグダディ霊　そうかねえ。まあ、ムハンマドは、アッラーの一神教を立てて、メッカの勢力と戦ったけども、別に、メッカの勢力のなかは、邪神《じゃしん》だけがいたわけではなくて、信仰的には変わらないものだった。

メッカも、最高神はアッラーであったわけで、アッラーの下《した》に、それぞれの部族を守るところの神々が三百六十ぐらいいて、「その三百六十いる部族神みたいなのを一掃《いっそう》して、アッラーの一神教に統一すべきだ」っていうのがムハンマドの主張であり、そのための戦いだけであった。それで、最高神はアッラー同士ではあったわけだけども、ちゃんと、宗教の浄化《じょうか》のための戦いが、まあ、「ジハード（聖戦《せいせん》）」だったわけですから。

そういう意味では、イスラム圏であってもですねえ、もう、西洋の考えがそうとう入って、キリスト教と混交《こんこう》し、あるいは、ユダヤ教と混《ま》ざっておるようなイスラム教に関して粛清《しゅくせい》をかけるのは、当然のことじゃないですか。

4　「イスラム国」に「大義」はあるのか

アッラーは「イスラム国」に対し、どのようにお考えだと思うか

綾織　お話を伺《うかが》っていると、あなたご自身が「神に選ばれた」という意識を持たれているとと思うのですが……。

バグダディ霊　ああ、もう、神そのものが乗り移ってるような気がする。

里村　乗り移っている？

バグダディ霊　うーん。

綾織　アッラーの神は、もっと偉大《いだい》だとは思うのですが……。

バグダディ霊　いやあ、アッラーの神も、革命のときはこんなもんでしょう。

里村　こんなもん……（苦笑）。

綾織　アッラーは、特に「イスラム国」に対して、何をお考えだと思われますか。

バグダディ霊　まあ、少なくとも、「世界の現状維持《いじ》」は考えてないはずです。やっぱり、このまま西洋列強の、ああいう文明の利器を用いた民主主義化によってイスラムが解体されてしまい、信仰《しんこう》が失われることに対して嘆《なげ》き悲しんでおられると推定していますねえ。

核兵器《かく》のない世界を目指すなら、「イスラム教国」になればよい？

綾織　一方で、まあ、これはある意味で世界の人たちの総合的な判断かもしれないのですが、「『イスラム国』が、このまま南ヨーロッパやインド、あるいは、マレーシアのようなところまで広がっていくことは、不幸を生むだろう」という判断もあるわけで……。

バグダディ霊　ああ、それは予測の問題だけどねえ。

ただ、キリスト教徒から見れば、「イスラム教の勢力が広がるということは不幸になるということだ」というように見えるかもしれないけども、イスラム教徒から見れば、「間違《まちが》ったキリスト教の信仰のままに引きずっていかれることは、不幸なこと」であるからねえ。

里村　うーん。

綾織　イスラム国が広がり、大帝国《だいていこく》になった場合、それぞれの国民は、どういう状態になるのですか？

バグダディ霊　まあ、少なくとも、われわれは、彼ら（欧米《おうべい》）よりは、もうちょっと平和な勢力なんですよ。

里村　ほう。

バグダディ霊　つまりねえ、地球をグルッと回って、アメリカから空爆《くうばく》に来る。イギリスから来る。フランスから来る。オーストラリアから来る。カナダから来る。いろいろなところから、地球をグルッと半周して、わざわざイスラム国に空爆をかけて、何千人もの人を殺しに来る。こういうことは……、まあ、昔の十字軍がここまで進化したということでしょうけども、こちらは、昔と変わらないぐらいの戦力で戦っているわけだから。

まあ、弓矢が機関銃《きかんじゅう》ぐらいには変わってはいるけれども、上空から空爆する、あるいは、レーダーで探知できないようなステルス性の無人機で攻撃《こうげき》してくる。こういう卑怯《ひきょう》な輩《やから》に対して対抗《たいこう》する手段が、ほかにあるのなら教えてほしい。

里村　ただ、今、綾織からも質問がありましたが、イスラム国が大きな帝国として広がったときに、どのような生活、あるいは社会になるのでしょう？　今、「平和」とおっしゃいましたけれども……。

バグダディ霊　イスラム教国で核《かく》兵器持っているところなんか、ないじゃないですか。

里村　ええ。

バグダディ霊　核兵器なんか持ってない。だから、オバマが、核兵器のない世界をつくろうって言うのなら、イスラム教国になればいいわけで。それだけのことだ。

〝大イスラム帝国《ていこく》〟における具体的な生活について語る

綾織　例えば、具体的なところで、その〝大イスラム帝国《ていこく》〟のなかの女性は、どういう状態になるのですか。

バグダディ霊　女性は守られています。

綾織　守られる？

バグダディ霊　うん。

里村　教育に関しては？

バグダディ霊　教育は、イスラム教の教育を厳格に施《ほどこ》します。

里村　服装など、そういうものは、どのように？

バグダディ霊　それは、イスラムに適した服装をします。

もちろん、もし、北欧にまで勢力が及《およ》ぶようなことがあれば、寒いところの人に対して、コートを着るぐらいのことは許しますよ。

綾織　暑いところでは厳格なやり方で……。

バグダディ霊　暑いところでは、そらあ、薄《うす》い布になりましょうな。薄い黒い布に変わるでしょうな。

綾織　黒い布で覆《おお》うわけですね？

里村　例えば、歌などは禁止されますか。アフガニスタンのタリバンはそうでしたけれども、そういうものも、やはり止《と》めると？

バグダディ霊　うーん、まあ、欧米文化と一体になってるものは、少し気をつけないといけないけどなあ。文化から侵入《しんにゅう》してくることがあるからね。

里村　ええ。

バグダディ霊　ちょっと気をつけなきゃいけないものはあるとは思うがなあ。

「パリ襲撃《しゅうげき》事件」とその後のデモをどう見るか

藤井　最近の話題ですが、ムハンマドを中傷したパリの新聞社が襲撃《しゅうげき》された事件がありました。その事件、あるいは、その後のデモについての感想は、どのような……。

バグダディ霊　あそこは、新聞社の名前自体か何かを、「イスラム法」みたいな名前に変えたんじゃなかったか？　なあ？

里村　ええ。

綾織　一回だけですね（注。「シャルリー・エブド」紙は、二〇一一年十一月にもムハンマドの風刺漫画《ふうしまんが》を掲載《けいさい》し、「イスラム法」を意味する「シャリア」にかけて、「シャリア・エブド」という紙名を表紙に併記《へいき》した）。

バグダディ霊　それって、すごく挑発《ちょうはつ》的ではないか？　君らだったら、どうだい？　例えばな、「ハッピー・サイエンス・モニター」とかいう新聞を中国でつくられて発刊され、そこに君らの悪口《わるくち》ばっかり書かれたら、君らは、どうする？　襲撃するだろ？

里村　「襲撃するか、しないか」はともかく……。

バグダディ霊　襲撃しないと！

里村　腹は立ちますよ。

バグダディ霊　しないといかんでしょ。

里村　やはり、信仰を穢《けが》されたということに対しては……。

バグダディ霊　そのような「ハッピー・サイエンス・モニター」を、ずっと中国語で出されてごらんなさい。

藤井　「表現の自由を守るのだ」という建前《たてまえ》はあると思うのですが……。

バグダディ霊　「表現の自由」があるんだったら、それも構わないでしょ？　いいんじゃないの？

藤井　デモが行われたときには、ヨーロッパの首脳が集まったり、イスラエルの首相まで来たり……。

バグダディ霊　狂《くる》ってるわね。ああいうところで連帯するところが狂っている。

里村　ヨルダンの国王夫妻も参加しました。

バグダディ霊　完全に狂ってますね。（ヨルダンは）もうイスラム教を捨てたと見るべきですね。ああいう邪教《じゃきょう》に転向した者には、やっぱり制裁を加えなければいけないな。なあ？

里村　うーん。

「イスラム国」が「奴隷《どれい》制」を復活させた理由を問う

里村　「イスラム国」での法律を見ると、伝統的なイスラムと言えばそうなのですけれども、例えば、「泥棒《どろぼう》をしたら手を切る」などですね。

バグダディ霊　うん。

里村　やはり刑罰《けいばつ》も、そういうかたちでやっていくと？

バグダディ霊　それは、うちで始めたわけじゃないからね、言っとくけど。

里村　まあ、サウジアラビアなども、そういうことをやっていますが……。

バグダディ霊　昔からの〝あれ〟だからね。

里村　さらに、もう一つ、世界中で非常に批判を浴びたもののなかに、「奴隷《どれい》制の復活」がございます。

バグダディ霊　うん。

里村　なぜ、奴隷制を復活させたのでしょうか。

バグダディ霊　そんな大規模じゃないでしょ。アメリカがつくった奴隷制のような、大規模なものをやってから、言ってくださいよ。

（アメリカは）何百万人も連れて行ったんでしょ？

●**奴隷制の復活**　「イスラム国」がクルド系の女性や子供を拉致し、戦利品として戦闘員に分配していることが判明し、国際的に非難を浴びている。シャリーア（イスラム法）では姉妹宗教であるユダヤ教徒とキリスト教徒の奴隷化が禁じられているため、多神教の少数宗派であるヤズィーディー教徒が狙われたと見られる。

里村　まあ、人数の問題はさておき……。

バグダディ霊　（イスラム国も）人手が足りないから、ちょっとそういうことがあるのかもしらん。

里村　やはり、イスラム国は男性が多いので、兵隊さんの嫁《よめ》が足りないと……。

バグダディ霊　うーん。そりゃあ、国をつくる以上、国を大きくせにゃいかんから。君たちだって、少子化で困ってるんでしょ？

里村　ええ。

バグダディ霊　簡単なんですよ。それはね、独身主義者たちを連れてきたらいいわけですよ。

里村　はあ。

バグダディ霊　みんなまとめて連れてきて、「子供をつくりたい」という男性と娶《めあわ》せたら、それで済むことなんですよ。それで（外に）出さないようにすりゃあ、子供はできるんです。

里村　はあ。

バグダディ霊　簡単なことですよ。イスラム国には、今、子供が必要ですからね。

ムハンマドによる「奴隷《どれい》解放の勧《すす》め」を、どう考えているのか

里村　ただ、一方で、初期のイスラムにおいて、ムハンマド様は「奴隷《どれい》解放の勧《すす》め」も一生懸命《いっしょうけんめい》なされたわけですけれども、そのあたりとの矛盾《むじゅん》というか、それを、どのようにお考えなのでしょうか。

バグダディ霊　うーん……、「奴隷解放の勧め」を……、まあ、それは、ちょっと、イスラエルの歴史まで入ってくるかもしれないから。
　あの、イスラム教の教えのなかに……、まあ、キリスト教やそれに先行するところのユダヤ教も取り込《こ》んでつくったんだ。

里村　はい。

バグダディ霊　ムハンマドがイスラム教をつくったころには……、まあ、要するに、兄弟宗教として、〝仲良し教団〟としてつくったつもりでいるのに、先行する者たちが、私たちを敵視して、いろいろと意地悪を続け、結局、別のものになったわけで。私たちは友好的な態度で接していたんだけどね。

里村　ええ。

バグダディ霊　もうちょっと、うーん……、（舌打ち）まあ、ユダヤ教徒は奴隷になったこともあるし、ヒットラーによって皆殺《みなごろ》しにされそうになったこともあるし、あるいは、他の中央アジアから来た人たちに「バビロン捕囚《ほしゅう》」みたいなものをされたこともあったし……。まあ、ユダヤ教徒には、よく民族ごと捕《と》らえられるようなことがあったわなあ。

ただ、そういうふうに、他民族や他宗教の者が捕らえに来る場合はよくあるわけで。今の「イスラム国」のほうが、そのころのイスラエルよりも大きいので。

里村　ええ。

バグダディ霊　まあ、われらとしては、独立国家として、独自の判断で勢力を広げていきたいとは思うておる。

また、奴隷云々《うんぬん》については、まあ、君らの考えというか、定義はよくは分からんけれども、とりあえず、「イスラムの優位」をつくっていかないといかんとは思ってはおるんだけどね。

綾織　〝大イスラム帝国〟ができたときも、その奴隷制、つまり、異教徒を奴隷にするということは、続けていくわけですか。

バグダディ霊　少なくとも〝あれ〟だねえ。ミサイルとかで攻撃してきているような……、まあ、今回、パイロットが問題になってるけども、ああいう、先進兵器でイスラムの信仰を傷つけたやつらは、奴隷階級に落とさないといかんだろう。

「奴隷《どれい》制」について反論するバグダディ霊

里村　私どもが、今、お訊《き》きしたいのは……、まあ、私どもも、例えば、フランスなどに見るような、ああいう極端《きょくたん》な「表現の自由」、あるいは、キリスト教社会の民主主義が最上のものだとは思っていません。

そういう意味では、「イスラム信仰を中心にした国をつくりたい」というお気持ちは分かるのですけれども、一方で、奴隷《どれい》制、あるいは、人身売買のような……。

バグダディ霊　だから、それを、こちらに言うなよ。それについては、もっと先行してるものがたくさんあるだろう。

里村　確かに、そうです。アメリカもそうです。

バグダディ霊　うーん。

里村　確かにそうですが、ただ、二十一世紀の現代において、それをするということは、結果的に、イスラム国の敵を増やすだけで……。

バグダディ霊　君ねえ、中南米から〝人身売買〟をしてるのは、日本だよ。知ってるのかい？
　人身売買されて、日本の東京で働いてるのよ。知ってるか？　ええ？

里村　ただ、それは……。

バグダディ霊　タイからも、フィリピンからも、人身売買をしてきて、働かせてるのを、君は知ってるのか?

里村　ええ。ただ、それは、残念ながら、どうしても存在する〝闇《やみ》の社会〟の問題であって……。

バグダディ霊　そういう言い訳をするなよ。

里村　決して、国家の制度、システムでやっているわけではございません。

バグダディ霊　いやあ、国家が認めてるんだから、しょうがないでしょう。エクアドルから入ってきてるはずだよ。フィリピンからも入ってるよ。

里村　ええ。

バグダディ霊　たくさん入ってるよ。日本も人身売買をやってるよ。おまえらに、知らされてないだけで。

里村　それでは、その問題は、いったん横に置いておきましょう。

5　人質《ひとじち》事件の「結末」を語る

「イスラム国」の財政面が厳しくなっている理由

里村　ところで、今の「イスラム国」について、いちばん言われているのは、財政面など、そういう部分で厳しくなっているのではないのかということです。

バグダディ霊　ああ、それはそうだ。

里村　特に、原油価格の低下で……。

バグダディ霊　それはそうだよ。国を建てるには、金が要《い》るだろう?

里村　そうですね。

バグダディ霊　兵站《へいたん》の部分が要るわなあ。

里村　兵站の部分は、これからどうされていくのですか。

バグダディ霊　それは、油田が最初、〝あれ〟だったんだが。これがちょっと、次々と……、今、アメリカ等が、（製油所を）空爆《くうばく》して使えなくしていってるからさあ。

里村　ええ。

バグダディ霊　それの取り合いをやってはいるんだけれども、油を密輸で金《かね》に換《か》える仕事が、ちょっとしにくくなってるからね。だから、手っ取り早く、安倍《あべ》に「金をよこせ」と言ったんだがなあ。そうしたら、そういうことは要らないからな。

里村　なるほど。

バグダディ霊　外国人の義勇兵も多くってなあ。君ら、よく考えてみなさいよ。他国に、しかも、そういう紛争《ふんそう》地域にまで来て「義勇兵になりたい」っていう外国人が……、まあ、イギリス人だっているんだし、アメリカ人だって、本当は入ってるし、ほかの国からも入ってるわけなんだからね。

里村　ええ。

バグダディ霊　そういう外国の人までが来てだねえ、イスラムの大義のために戦おうとしていること自体が、君らから見ても、否定できない「正義」だよ。

綾織　まあ、外国から来ている兵隊は、「給料が七割減っている」とも報じられていますね。

バグダディ霊　実際上、それは大変なことだな。

綾織　はい。

バグダディ霊　要するに、それは、今、周りがイスラム国を壊滅《かいめつ》させようとしておるからな。

日本人を拘束《こうそく》したのは「お金の問題」からなのか

綾織　では、そうとう財政的に苦しい状態なわけですね。

バグダディ霊　いや、苦しいよ。だから、一部は盗賊《とうぞく》にだって何だってなるだろうよ。

綾織　ああ。

里村　そうすると、日本の安倍首相が二億ドルをばら撒《ま》こうが何だろうが関係なしに、もともと日本人の人質《ひとじち》を押《お》さえた段階で……。

バグダディ霊　いや、いやあ、安倍は許せん。安倍は許せん。

里村　いや、でも、昨年の八月、あるいは、十月に日本人を拘束《こうそく》したという話が冒《ぼう》頭《とう》で出ましたけれども、要するに、「お金の問題」から、そういう必要性が出てきているわけですね。

バグダディ霊　（舌打ち）もちろん、お金があれば、そういうことはしないだろうよ。それは、別に、したくてやってるわけじゃないからさ。

里村　ええ。

バグダディ霊　それは、こちらだって分かってるけども。

ヨルダンが戦争を仕《し》掛《か》けた動機を批判するバグダディ霊《れい》

バグダディ霊　ただ、まあ、おかしいのはおかしいよな。ヨルダンあたりがな、パイロット一名の命のためにデモをやったり、ワアワア騒《さわ》いだりしてるけど、戦争を仕《し》掛《か》けてて、何を言ってるの。

あのパイロットは、イスラム国の人たちを大勢殺すためにやって来てたんだけど。それで囚《とら》われた身なので。その一名の人命を救うために、国を挙げて交渉《こうしょう》するとかいうのを、私たちは腹を抱《かか》えて笑ってるわけよ。

里村　ほお。

バグダディ霊　「ほお！　それが惜《お》しけりゃ、最初から戦争なんか止《や》めろよ」って。自分たちが主体的にやったわけじゃないでしょ。アメリカさんとの関係で、縁《えん》を切ったら金が入らなくなるから、やっただけなんだろう？

里村　ええ。

バグダディ霊　そんな感じだからさ。

要するに、君たちが沖縄《おきなわ》の住民の気持ちが分からないように、そういうのが分からないんだよ。

里村　ヨルダンはアメリカなどからのお金が大事なので、おっしゃる部分もあると思うのですけれども……。

バグダディ霊　うん、うん。

里村　今回、ヨルダンが、「パイロットの解放」を、リシャウィ死刑囚《しけいしゅう》の解放の交換条件として出してきました。これには、そもそも、歯牙《しが》にもかけないつもりでいらっしゃるのですね。

バグダディ霊　うーん。まあ、成立はしないだろうね。

里村　ああ、なるほど。

バグダディ霊　たぶんね。そう思ってるけれども。まあ、少なくとも、世界を相手に攪乱《かくらん》していることは事実だわな。

里村　なるほど。

バグダディ霊　今、イスラム国の存在を知らしめているんだ。日本人なんか、ほとんど知らなかったやつを、今、知らしめてるわけだからなあ。

「女性死刑囚《しけいしゅう》の解放」を要求した本当の目的とは

綾織　では、リシャウィ死刑囚《しけいしゅう》には、そんなにこだわっていないのですか。

バグダディ霊　これは、世界中で、人道主義とかさあ、イスラム国の残虐性《ざんぎゃく》をあまりにも強調しすぎるからさ。

だから、爆弾《ばくだん》テロをやろうとした女性で、捕《つか》まってる人を解放するっていうことは……、まあ、あなたがたは、イスラム圏《けん》においては女性の地位が低いと思ってるかもしらんけれども、「女性を解放する」っていうことは、すごく人道的なことなんだよ。

里村　なるほど。

バグダディ霊　騎士道《きしどう》的なことなんだよ。

里村　はい。

バグダディ霊　それは、他のイスラム教国から見ても、なかなか尊敬される行為《こうい》なんだよ。「ああ、イスラム国には、そういう騎士道精神があるのか」ということを知らしめる意味で大事だったんだよ。

里村　なるほど。そういう戦略的な目的があるわけですね。

バグダディ霊　うん、うん。でも、ヨルダンは解放しないだろうな。

里村　ああ。

バグダディ霊　だから、たぶん、交渉は終わったと思うが。

綾織　ああ……。

バグダディ霊　まあ、おそらく、君らが、これ（霊言《れいげん》）を世界に知らしめるのは、もう少し遅《おそ》くなるだろうけども、ほぼ終わったと思うがな。

綾織　うーん……。

「イスラム国」と「中国」との関係とは

里村　ところで、「イスラム国」そのものを見たときに、急激に大きくなってきています。

バグダディ霊　うん。

里村　国際社会のなかでは、いろいろなところが支援《しえん》しており、それは、アラブの富豪《ふごう》だけではなくて、例えば、「アメリカの富豪がお金を出した」という話もあれば、私たちがいちばん気になっているものとして、「中国が支援している」というお話もあります。

また、一説によると、中国では、むしろ、イスラムを警戒《けいかい》しているという話もあるのです。

バグダディ霊　うん。

里村　中国からも、かなりの人数がイスラム国の義勇兵に参加しているそうですが、中国について、どのように考えていらっしゃいますか。

バグダディ霊　いやあ、考えてるよ。パイプを太くしようとは考えているが、今の段階では、国として、なかなかつながらないんでねえ。

里村　ええ。

バグダディ霊　やっぱり、もうちょっと海路まで……、まあ、海路というのは「海」だな。海のところまで道をつけないと、中国までつながらないから。

中国は油が欲《ほ》しいからね。

里村　はい。

バグダディ霊　だから、イスラム圏全部を取りまとめてくれる国が出てきて、それが中国と同盟関係になったら、極《きわ》めて都合《つごう》はいいわな。中国にとってはな。

里村　なるほど。つまり、中国に関しては、「利」でもってつながっていけると考えていると？

バグダディ霊　「その油は、ヨーロッパにも行かず、日本にも行かず、アメリカにも行かず、中国が買い占《し》められる」というように、独占《どくせん》できる状態は望ましいだろうね。

アッラーへの信仰《しんこう》以外、他宗教は無神論と変わらないと考えるバグダディ霊《れい》

里村　ただ、その中国は、ウイグルなどでイスラム教徒を弾圧しています。

バグダディ霊　知ってるよ。知ってる。

里村　あるいは、女性のスカーフ着用を禁じたりしています。

バグダディ霊　うん。知ってる。

里村　これに関しては、どうなのでしょうか。

バグダディ霊　うーん……。まあ、真実、アッラーへの信仰《しんこう》をどれくらい持ってお

るかという問題もあるからね。

里村　はい。

バグダディ霊　ただ、そういう意味で、つまり、「アッラーへの信仰を持ってない」ということでは、アメリカだろうが、ヨーロッパだろうが、それは一緒《いっしょ》だからね。

里村　ええ。

バグダディ霊　だから、こちらから見れば、無神論であろうが大して変わりはないよ。

6　バグダディ氏を指導している「神」とは？

アメリカに対しては「フセインの仇《あだ》を討《う》ちたい」気持ちがある

綾織　今、六割ぐらいは、守護霊《しゅごれい》ではなくてバグダディ氏ご本人の意識でお話しいただいているとは思いますが、「霊界《れいかい》のことも、ある程度、お分かりなのではないか」ということで、少しお伺《うかが》いしたいのですけれども……。

バグダディ霊　うーん。

綾織　霊界から、どういう方が、あなたに働きかけをしてきていますか？

バグダディ霊　うん？

綾織　有名なイスラム過激派で、すでに亡《な》くなった人は何人かいるわけですけれども、例えば、これは過激派ではありませんが、イラクのフセイン元大統領がいたり、過激派では、オサマ・ビン・ラディン氏がいたりします。

そのような人からの働きかけは……。

バグダディ霊　いやあ、「フセイン大統領は、日本とは非常に縁《えん》の深い方だった」と聞いているのでねえ……（『中東で何が起こっているのか ――公開霊言《れいげん》 ムハンマド／アリー／サラディン――』〔前掲《ぜんけい》〕、『イラク戦争は正しかったか ――サダム・フセインの死後を霊査《れいさ》する――』〔幸福の科学出版刊〕参照）。

綾織　はい。

里村　ああ、よくご存じでいらっしゃるんですね。

バグダディ霊　日本は、やっぱり、フセインの命乞《いのちご》いをしてやるべきだったんではないかねえ。そういうときに、もう裏切りはすでにあるわなあ。フセインを助けてやるべきであったんではないかねえ。

ああいうかたちで、アメリカが、「（イラクには）大量破壊《はかい》兵器がある」と称《しょう》して、進攻《しんこう》をかけ、（フセインを）捕《つか》まえて、即決《そっけつ》裁判で処刑《しょけい》してしまったのは、あなたがたが戦後やられたことと、ほぼ同じでしょう？

里村　うん、うん。

バグダディ霊　なあ？　戦後、占領《せんりょう》されたアメリカに、立派な日本の軍人さんや、政治家たちが処刑されたのとほぼ同じ状態だよな。アメリカはそういう国だわな。これに対しては、やっぱり、少しぐらいは抗議《こうぎ》してやるべきだったんではないかねえ。だから、まあ……。

里村　そうすると、やはり、フセイン大統領の霊と、そのように、やり取りというか、コミュニケーションがあるわけですか。

バグダディ霊　うーん、まあ、「コミュニケーション」っていうのが直接あるわけではないけれども、やっぱり仇《あだ》を討《う》ちたい気持ちはあるわな。

綾織　うーん。

バグダディ氏は直接「アッラー」の声を聴《き》けるのか

里村　今、綾織のほうから、オサマ・ビン・ラディン氏の名前が出ましたが、今日の霊言の初めのほうで、要するに、「フセイン元大統領が処刑され、オサマ・ビン・ラディン氏が殺害されることで、ある意味、自分の役割を悟《さと》った」とおっしゃいました。「天命が下《くだ》った」と言ってもいいのですけれども、そうした天命を下したのは誰《だれ》だったのですか。

バグダディ霊　そらあ、アッラーでしょう。

里村　アッラー？

バグダディ霊　うーん。

里村　オサマ・ビン・ラディン氏からはどうなのですか。

バグダディ霊　そら、アッラーでしょう。

綾織　アッラーの声を直接、聴《き》かれている？

バグダディ霊　ええ。（私は）預言者でしょう、やっぱり一種のね。

綾織　ああ……。

里村　「オサマ・ビン・ラディン氏は預言者で、洗礼者ヨハネの役割だ」とおっしゃいましたけれども、そのオサマ・ビン・ラディン氏の霊から、「やれ」と……、例えば、「こうしたことをしたほうがいい」という霊的な指導があったわけですか。

バグダディ霊　いや、それはない。

里村　ない？

バグダディ霊　うん。それはない。

綾織　「アッラーの声を、直接聴く」というのは難しいと思うのですけれども……。

バグダディ霊　いやあ、これだけ信仰《しんこう》があれば、それは聴けますよ。

里村　ただ、こんなことは、私らが言うのもおかしいのですけれども、ムハンマド様ですら、間《あいだ》に天使を立てて、アッラーの話を聴いていました。

バグダディ霊　うーん。

里村　それを「直接、聴いているのだ」とおっしゃるわけですか？

バグダディ霊　だから、祈《いの》りは届くことになっておるからね。

里村　届くことになっている？

バグダディ霊　うん、うーん……。

里村　それは、ある意味で、イスラムにおいては、「瀆神《とくしん》（神を貶《おとし》める）的な行為《こうい》」

とも、少し言えるのではないですか。

バグダディ霊　そんなことはないよ。

里村　非常に、人間の側が尊大すぎるのではないですか。

バグダディ霊　いやあ、やっぱりアッラーは慈悲《じひ》遍《あまね》き方であるからしてね、決してユダヤ教のような「妬《ねた》みの神」じゃないからねえ。

〝大イスラム帝国《ていこく》〟をつくるための「奴隷《どれい》制」は正当なのか

綾織　では、そのアッラーの声は、具体的にはどういうものなのですか。

バグダディ霊　うん？　だから、全身に電流が走るような感じがする。

綾織　はい。それは、言葉、メッセージとしては何かあるのですか。

バグダディ霊　うーん……、まあ、私の全身全霊が揺《ゆ》り動かされるような感じがするな。

里村　全身全霊を揺り動かすような言葉があるわけですか？

バグダディ霊　うん、そうだ。

里村　どういうお言葉ですか。

バグダディ霊　「カリフになれ」という声が聴こえてくるような気が……。

里村　え？「カリフになれ」と？

バグダディ霊　うーん。

里村　そして、「何をせよ」と言っているのですか。「殺せ」と？

バグダディ霊　いやあ、そんなことはなくて、やっぱり、「大イスラム帝国《ていこく》をつくれ」と言っているように聴こえるねえ。

里村　そして、「大イスラム帝国をつくるためには、手段は選ばず」と、それは全部、自分で考えている？

バグダディ霊　いやあ、「手段は、ムハンマドなら、やったであろうようなことを現代にやればよい」ということです。

綾織　ただ、ムハンマド様であっても、それほどひどい奴隷《どれい》制などは、やられなかったと思いますし、それは、やはりアッラーも反対されているわけではないのですか。

バグダディ霊　いや、今ごろですねえ、奴隷制云々《うんぬん》を去年つくった国が言われるのは、ちょっと片腹痛いですな。

里村　ほう。

バグダディ霊　奴隷制の国はもう長いので、どこも反省していませんから、それを今、言われるのはちょっと……。

綾織　ただ、「これから、それを始めて、また世界に広げていく」というのは、許されるわけではないですよね。

バグダディ霊　とにかく、戦力を増やさないかんのでねえ。国をつくるためには、いろいろな戦力が必要だからね。女性も必要だしね。

あくまでも「アッラーに指導されている」と主張するバグダディ霊《れい》

里村　奴隷制の問題は少し置いておくとしまして、今のアッラーからの指導のほかに、例えば、ムハンマド様に神の言葉を伝えたジブリール（Jibrīl 大天使ガブリエル）のような存在は、おありではないのでしょうか。

バグダディ霊　うーん、まあ、このへんはねえ、少し分かりかねるところはあるんだけども。ムハンマド自身はだねえ、初期において、そらあ、キリスト教やユダヤ教のほうがずっと先発・先行しておったから、「自分らは、本当に、ほんの小さな抵抗勢力《ていこう》だった」と思ってたと思うんだよ。

つまり、メッカからメジナに逃《に》げたころは、七十数人ぐらいで逃げているので、それでいて国の建国まで行くとは、まさか思わないわなあ。

だから、そうした初期の段階で霊示《れいじ》がたくさん降りてるわけだから、やっぱり、「自分が、そんな直接なものを受けられる」という言い方をすると、いろいろな者たちが批判をするので、謙遜《けんそん》の美徳でそういうように言っていたんだろうと思うんだよなあ。

あとのイスラムの大きさから見れば、そういうことは、たぶん言わなかっただろうと思うんだね。「直接、アッラーから受けた」と、たぶん言ったんだと思うなあ。

里村　ああ。何か、お話をお伺いしていますと、ある意味で、「ムハンマド様とは別の、十二代目のイマーム（最高指導者）が救世主として再臨《さいりん》する」というような考え方ですね？

バグダディ霊　うーん。

里村　そうした、キリスト教の「千年王国」に似たような考え方があるわけですけれども……。

バグダディ霊　まあ、これは、世界史への挑戦《ちょうせん》だから。今、だから、「欧米《おうべい》文明、ヨーロッパも含《ふく》めて、アメリカも没落《ぼつらく》に入る」と見ている者が、私を地上に遣《つか》わしたと考えているんだよ。

綾織　ほう。それは、アッラーではないのではないですか。

バグダディ霊　うん？　「アッラー」と言うんじゃないの？　そういうのも。

綾織　うーん……。

里村　要するに、誰だかは分からないわけですね？　バグダディ氏は。

バグダディ霊　とにかく、「アッラー」っていうのは人智《じんち》を超えたものだからね。

里村　うん。では、そのような、人智を超えたものであるわけですから、要するに分からないわけですね？　バグダディ氏は。

バグダディ霊　うん？　人智を超えてますからねえ。

だから、まあ、ある意味では、ユダヤ教のモーセを指導した神も、イエスを指導した神も、人格神的なものはあったと思うけど、一神教でもねえ。同じ一神教でも、イスラム教のほうは、人格神を超えてるんではないかなあって感じが少しするんだねえ。

里村　では、例えば、バグダディ氏が、ご自身で決断をしたりするときに、おそらく、いろいろとお考えになると思うのです。あるいは、宗教的に言えば、イスラムも瞑想《めいそう》を大切にしますから、瞑想もされるでしょう。

そうしたときには、どなたに相談されるのですか。

バグダディ霊　うん？　アッラーに相談する。

里村　アッラーですか?

バグダディ霊　うーん。

7　日本に対する意外な〝見方〟

改革を求める「アッラーの神」、資金を望む「バグダディ氏」

綾織　だんだん時間も少なくなってきましたので、あまり多くを語るつもりはないのですが、私ども幸福の科学という宗教では、まさに、「アッラーが今、何をお考えなのか」ということを学んでいるのです。

バグダディ霊　うーん。

綾織　それで、その「アッラーのお考え」というのは、「イスラム圏《けん》、イスラム諸国に、もっと改革をしてもらいたい。やはり、女性は解放すべきだろうし、もっと個人個人の幸福を考えるべきだろう」というものなわけです。

バグダディ霊　うーん。うーん。

綾織　したがって、今お伺《うかが》いしているお考えでは、私たちが学んでいる「アッラーのお考え」とは、かなり距離《きょり》がありまして、やはり、イスラムを中世返りさせていくというか、イスラム圏を昔に戻《もど》すだけでは、よくないと思うのです。

バグダディ霊　うーん。そうかねえ。全然、変わらないと思うんだがなあ。

われわれの考えでも、イスラムは「平和」と「寛容《かんよう》」を中心としておって、今、日本も平和と寛容を中心にあるので、「日本から、強大な資金ポンプが回って、そこから資金が潤沢《じゅんたく》に送られれば、イスラム圏は立ち直り、再建でき、欧米《おうべい》の勢力を駆逐《くちく》して……」というように、まあ、やっぱり、日本の資金援助《えんじょ》を受ければ、（イスラム圏を）再建して、見事なイスラム文化を、もう一回、花開かすことは可能だと思うがなあ。

綾織　確かに、イスラムでも平和を目指しているのかもしれませんけれども、その途中《とちゅう》では、もう戦争が延々《えんえん》と続いていくだけになってしまっていると思うのです。

バグダディ霊　だから、早く、アメリカやイギリスを叱《しか》り飛ばせるような国になってください。

綾織　ただ、叱り飛ばしたとしても、必ずしも、あなたのお考えどおりには行かないと思うのです。

バグダディ霊　うーん。

里村　つまり、バグダディ氏の理想は〝先祖返り〟ですか。

バグダディ霊　〝先祖返り〟？　意味が分からんなあ。

里村　ムハンマド様がイスラムをつくられた、あの七世紀の時代に世界を戻すことですか。

バグダディ霊　何を言ってるのか分からないが、神は、アルファでありオメガであるわけで、最初であり最後であるわけだから、そういう時代なんて関係ない。

里村　時代は関係ないのですか。

バグダディ霊　うーん。

今回の人質《ひとじち》事件は「安倍《あべ》総理に対する啓蒙《けいもう》」？

藤井　よく識者が指摘《してき》しているのは、「イスラム国が発信しているものが、非常に、メディア戦略や、広報戦略的に長《た》けている」ということで、かなり現代的なツールを使いながら世界に発信しています。

これは、おそらく、非イスラム圏も意識して、英語のメディアをつくっていると思いますが……。

バグダディ霊　うーん、うーん、うーん。

藤井　ただ、その思想と行動の面においては、「コーランに忠実だ」と言われてはいても、そうした七世紀の状態のものに基《もと》づくだけではなくて、さらに、現代での先進性や、現代性のようなものが必要なのではないかという問題意識はないのでしょうか。

バグダディ霊　いやあ、君たちも、日本で、アメリカによる洗脳を解いて、戦後、七十年ぶりに国の体制を変えようとしておるんだろう?

里村　はい。

バグダディ霊　別に、イスラムでわれわれがやろうとしていることと、そんなに変わらないんだよ。一緒《いっしょ》なんだよ。

里村　ただ、皮肉にも、安倍《あべ》総理はそうした方向に持っていこうとしているのですけれども、その安倍総理の足を、あなたがたが、ある意味で引っ張っているわけです。

バグダディ霊　いや、安倍総理はイスラム教について何も知らんからさ。知らんから、啓蒙《けいもう》してやる必要がある。

里村　そうすると、今回の行為《こうい》は、安倍総理に対する啓蒙ですか。

バグダディ霊　啓蒙だね。（日本が）「戦闘《せんとう》行為に参加した」っていうことを、彼は自覚してなかったからね。それを教えてやる必要がある。

「このままなら、イスラム圏は中国に帰属することになる」

里村　では、今回は、ある意味で、「日本人そのものにイスラムの大義を教えるというか、目を開かせる行動にもなっているのだ」ということですか。

バグダディ霊　うーん、だから、このままだったら、イスラム圏は中国に帰属することに、たぶんなるんだろう。これは、やがては。

里村　え？

バグダディ霊　ヨーロッパとアメリカは、イスラムを攻撃《こうげき》しまくってるわけだからねえ。いずれ、こういうところから（われわれの）心が離《はな》れるのは分かっているから、（イスラムは）中国に帰属することになる。だから、そうしないためには、日本は、競争上、イスラムと深い関係を持つ必要があるわけだな。

里村　日本は、「中国との対抗《たいこう》上」ということもあって、イスラムとつながる必要があると？

バグダディ霊　うーん……。いや、だから、われわれの勢力は、今後大きくなるがゆえにねえ、「（われわれを）見捨てて敵視する」っていう安倍の行動は間違《まちが》ってるわけですよ。それは、「先見性がない」っていうことなんだな。

「イスラム国と日本が共有できる価値観」を考える

里村　かつて、プーチン大統領の守護霊《しゅごれい》は、そうした中国を挟《はさ》んだ観点から、「日本とロシアが結びつく必要性」を唱えられたのですけれども、若干《じゃっかん》、バグダディ氏のお考えで分からないのは、「日本とイスラム国の間に、はたして共有できる価値観があるのか」ということです。

バグダディ霊　うーん？　だから、まあ、「政治と宗教が一体化してる」っていう意味では、日本とイスラムは一緒でしょう。

里村　ただ、日本は残念ながら、今、そうした制度にはなっていないのです。

バグダディ霊　ふーん。

里村　それだけではなくて、日本国民が、「そういうものはいいな」と、共通の価値観として持てるようなものはありますか。

バグダディ霊　日本だって〝カリフ制〟じゃない？　ずっと。

里村　まあ、そのようになぞらえる研究者はいます。つまり、天皇制にカリフ制をなぞらえ、スルタンのほうを征夷大将軍《せいいたいしょうぐん》、あるいは、今で言えば、総理大臣になぞらえる研究者もいます。

ただ、それだけだと今の日本人には分かりません。要するに、「イスラム国のこれがいいな」という部分が、残念ながら見えないのです。

例えば、今、藤井が言ったように、広報面においては、ネットのよいところなども使っていらっしゃいますが、「イスラムの思想や行動面において、そうした改良・改善を加えていこう」というお考えは、バグダディ氏のなかに何かあるのでしょうか。

バグダディ霊　うーん……。まあ、イスラム諸国が、今は、事実上キリスト教国に服従させられているという感じだわな。少なくとも、われわれの攻撃に参加しているような国はね。そういうことだし、今、われわれが引き付けておるが、それをやらなければ、イランなんかが、きっとイスラエルやアメリカから攻撃を受けてるはずだからね。

いずれにしても、イスラムのどこかの国は攻撃を受けておるんで、われわれがやっているうちは、彼らは安全だろう。

ただ、イランも、おそらく攻撃は受けるはずなんだけど、われわれの戦力が続いている間は受けないだろうな。

どこか、やっぱり、イスラムには盟主《めいしゅ》が必要だと、私は思っている。

綾織　その盟主となっていくときに、もし、バグダディ氏のやられていることが「イスラムの再興・復活」であるならば、やはり、そうしたイスラム圏の国が、まあ、イスラム国でもいいのですけれども、「豊かになって、国民を豊かにしていく。そして、近代産業ができたりする」という……。

バグダディ霊　うーん。

綾織　政治のほうは、もしかしたら「民主化」という道もあるのかもしれませんけれども、少なくとも、「国が豊かになっていく。『没落《ぼつらく》する』とおっしゃっている欧米よりも、もっともっと豊かになっていく」というのであれば……。

バグダディ霊　ああ、そうしたいとは思っているよ。

バグダディ霊に「イスラム国を近代化する意志」を問う

バグダディ霊　ただ、気をつけなきゃいけないのは、今、われわれを攻撃してるキリスト教国たちが、十字軍の決着をつけようとしているのは間違いないのでね。決着がつかないままにずっと来ているから、「とうとう決着をつけるときが来た」と思っているので。彼らの「グローバリズム化」っていうのは、キリスト教圏が世界を席巻《せっけん》することだからね。

綾織　では、それにある程度決着がついて、イスラム国が仮に勝《か》ったとします。

バグダディ霊　うん、うん。

綾織　そのあと、例えば、イスラム圏で近代化をしようとした、第一次大戦後のトルコのように、近代産業をつくったり、政治の改革をしたりしていくわけですか。

バグダディ霊　うーん……。

綾織　そういうことは考えていますか。

バグダディ霊　うん。まあ、それは考えてるよ。

綾織　あっ、そうなのですか。ほう。

バグダディ霊　だから、プーチンさんも、今、少し孤立《こりつ》してるがな、ロシアのなあ。だけど、あれは大国だから、私みたいに指名手配にして攻撃したりはできないんだろうと思うけどなあ。

小さければ、一緒だろう？　たぶんな。それだけのことだ。潰《つぶ》されたら、それまでだ。これは、潰されるか潰されずに大きくなるかの違いだけだろう、きっとね。

綾織　そうであるならば、「トルコ」という国は、日本の近代化を学んだわけですが、ある意味では、そうした、日本がたどってきた明治維新《いしん》以降の動きを取り入れるお考えがあるのでしょうか。

バグダディ霊　うん。もちろん、十分意識してるよ。

綾織　あっ、そうですか。

里村　意識されているのですか。

バグダディ霊　うーん。十分意識してるよ。そのつもりでやっているけれども。

綾織　ほう。

「日本への親近感」「キリスト教国への敵対感」を語る

藤井　「サダム・フセインが、過去世《かこぜ》において、日本と非常に深い縁《えん》があった」と、先ほどもおっしゃりましたが、ご自身は、何か日本に縁を持っていらっしゃいますか。

バグダディ霊　うん？　まあ、すぐには分からない。言われても分からないけども、うーん……。だから、少し、「安倍の行為を裏切りに感じた」ということは、そういうことなんじゃないかなとは思うがなあ。

綾織　はい。

里村　ああ、「本来の日本が取るべき行動ではない」と……。

バグダディ霊　うん。「日本がそんなことをしていいのか」というように思ったということは、そういうことなんではないかなあ。

里村　それは、確認しますと、もしかしたらバグダディ氏は、過去世の人生において、日本に関係している……。

バグダディ霊　まあ、そういうことは、宗教的には、もうひとつ、私にはまだ分かりかねる。

日下《もっか》、戦闘中なので、そんなことを考えてるほどの余裕《よゆう》はないんだけども、われわれの一つの目標は、やっぱり、第二次大戦で植民地解放闘争をやった日本がモデルであって、アメリカに日本が負けたのが悔《くや》しいので、もう一回、キリスト教圏を押《お》し返す運動をやってみたいなあとは思っておるがなあ。

里村　うん。ただ、何回も言いますけれども、例えば、奴隷《どれい》制のようなことは、日本軍はやりませんでした。

バグダディ霊　うーん。だけど、まあ……。

里村　そして、あくまでも、日本軍の戦いは、戦闘員に対する戦闘であって、一般《いっぱん》市民は巻き込《こ》んでいないです。

バグダディ霊　うん。まあ、それは君が言ってることであって、欧米や、あるいは中国、韓国《かんこく》等は、日本が「性奴隷をたくさんつくった」とか、「大虐殺《だいぎゃくさつ》を何十万人もした」とか、そういうことを言ってるんで、これ、われわれに言われてるようなことを、ずっと君たちは言われてきたんだね。

里村　まさに、それはそうなのです。

綾織　ただ、日本の場合はそうですけれども、イスラム国の場合は、実際、行為として行《おこな》ってしまっているところがありますね。

バグダディ霊　まあ、人質《ひとじち》は、もう数少ないじゃないか。少ない人質を交渉《こうしょう》（材料）にしてるけれども……。

綾織　しかし、それは数の問題というよりも、やはり、その行為自体の問題ですよね。

バグダディ霊　「われわれが何人殺されたか」なんていうのを、欧米のマスコミは報道してるか？

イラクでさえ、何人殺されたか、報道されてないだろう？　完全な報道管制を敷《し》かれてるでしょう？　アメリカ人が何人死んだかは分かってるけどね。

「日本の総理が〝戦闘行為《せんとうこうい》〟に参加したことを教えている」

里村　冒頭《ぼうとう》で、「日本について、どう思われているんですか」と、私は何回か訊《き》いたのですが、そういう意味では、日本を参考にしたり、あるいは、リスペクト（尊敬）の思いは……。

バグダディ霊　参考にはしてるよ。

里村　リスペクトもあるんですか。

バグダディ霊　今は、キリスト教圏以外で参考にすべきものがあるとしたら、日本ぐらいしかないからね。

綾織　であるならば、もう少し日本を……（苦笑）。人質を取って脅迫《きょうはく》することよりも、日本の力を利用したほうが。

バグダディ霊　いや、利用してるよ。だから、日本に今、一生懸命《いっしょうけんめい》メッセージを流してんじゃない。日本人に、あれは。

綾織　もっと協力的で平和的なメッセージだったら、日本には、できることがあると思いますよ。

バグダディ霊　いやいや、日本の総理が〝戦闘行為《せんとうこうい》〟に参加したから、こういうことになったのよ。「こんなんでいいのか」っていうことを、日本に一生懸命流しているわけで。「平和な日本が、こんなことをしていいのか。戦争にもう参加してるよ」ということを教えてるわけですよ。

里村　ただ、その手法があまりにも分かりやすすぎるがゆえに、むしろ、日本の世《よ》論《ろん》としては、安倍総理の今回の人質事件における交渉を含《ふく》めて、今、評価する声のほうが大きくなっています。

バグダディ霊　いや、それは、そのうち〝逆〟になると思うよ。彼が大きな失敗をしたことが、やがて分かると思う。たぶん。

里村　そうすると、イスラム諸国に対して、二億ドルという、イスラム国を困らせるようなかたちのお金を出すべきではなかったと？

バグダディ霊　そう。まあ……、考えはそれだけじゃない。それは象徴《しょうちょう》であって、一部なんだ。彼（安倍総理）は、もっともっと考えてることがあるからね。本当は、アメリカ軍と一緒になって（イスラムを）攻《せ》めていきたいぐらいの気持ちを持ってるから。

里村　ほお。

バグダディ霊　まあ、オバマに対しては、ノーベル平和賞なんかをもらって、イラクからも、アフガンからも撤退《てったい》して、「核《かく》のない世界をつくる」と言っておきながら、結局、空爆《くうばく》に来て殺しまくってるのを見て、この偽善《ぎぜん》性っていうのを明らかにすることが、「ワールド・ジャスティス」（世界正義）なんじゃないの？　これが。

同じスンニ派である「ヨルダン」への批判

里村　今まで、中東のイスラム系の神々や霊人《れいじん》は、そういうことをおっしゃいました。

　ただ、イスラム国は、そうしたイスラム系の神々や霊人とは行動において少し違いがあり、その残虐性というものがクローズアップされがちです。もちろん、欧米メディアの宣伝もあるかもしれませんが、バグダディ氏は、人を殺すことは何とも思っていないのですか。

バグダディ霊　あのなあ。でも、「同じスンニ派なのに、ヨルダンがイスラム国を空爆する」なんていうのは、やっぱり、おかしいと思わないか。うーん。やっぱり、おかしいよ。筋《すじ》が通らない。

里村　ただ、「空爆されるようなことをしている」というのも事実です。

バグダディ霊　いやあ、ヨルダンがスンニ派であるなら、イスラム国を、むしろ保護すべきであってね。われわれは、スンニ派の勢力が強いわけですから。そして、仲間を集めてるわけですからね。

だから、欧米の資金で飼い慣らされてるわけですよ、イスラム諸国が。お金の力に負けてるのよ、信仰《しんこう》が。

「人間の幸福」や「民主主義」をどう考えているのか

里村　例えば、バグダディ氏は、「人間というものは、地上に生きているときは、あくまでアッラーの神の道具として生きるのであって、この地上における幸福を目指すべきではない」とお考えですか。
バグダディ霊　うーん……。君の言い方にはちょっと角《かど》があって、よく分からないなあ。
里村　ああ、すみません。「地上における人間の幸福」について、どのようにお考えですか。

バグダディ霊　そらあ、アッラーへの信仰の下《もと》に、霊的に生きることが幸福なんじゃないの？　そういうことなんじゃないの？

あれは、欧米の物質文明でしょ？　物質科学文明の幸福を推奨《すいしょう》してるわけだけど、あれは、すでに神を裏切ってると思うよ。実際は。

里村　そうであるならば、例えば、地上の人間が成《な》す「民主主義」については、どうお考えですか。

バグダディ霊　うーん。まあ、危険な面が半分はあるんでないかねえ。やっぱり、そういう感じがするね。「神のいない時代の生き方」のような気がするねえ。

だから、信仰がなくなったら、そうするしかないだろうと思うな。信仰が消えて、神様がいなくなって、預言者も救世主も出ない時代なら、そういうふうにやるしかないでしょうなあ。

日本みたいな〝カリフ制〟が続いてるところでしたらいいと思いますけども、カリフがいない国がそういうことをやりますと、「人間の人智《じんち》の平均」が、要するに、「世界の正義の基準」になるからね。

「星条旗に誓《ちか》いを立てるアメリカは、神様がいない国家」

綾織　日本のように天皇を戴《いただ》きながら、政治も経済も現代的な体制になっていくこと自体は、目指されているのですか。

バグダディ霊　いちおう、天皇はクビにできないんでしょう？　天皇には、選挙で選ばれた人であっても、任命権があるんだろう？　それはいいじゃないですか。あと、天皇に、本当に神の啓示《けいじ》が降りると、もっといいですな。

綾織　そういう国を目指していっているのですか。

バグダディ霊　いや、それが基本形なんですよ。

里村　いわゆる神聖政治ですね。

バグダディ霊　それが失われたときに、しかたがないので人間が寄り集まって決めるっていうのが、それこそ、小派閥《はばつ》のグループがつくるやり方や政治なんですよ。

大きな国になったら、もっとまとめる大きなものが必要で、アメリカみたいに、「アメリカの星条旗にだけ誓《ちか》ってやる」なんていうのは、本当は原始的なんですよ。神様がいない国家なんですよ。「星条旗に誓いを立てて、みんなで、国民で政治をやる」なんていうのは、恥《は》ずかしいことですよ。

「アメリカともう一戦してくれ」という日本への願い

綾織　日本のように、「戦争が終わったあとは、豊かな国をつくっていく」という気持ちを持たれていますか。

バグダディ霊　いや、やっぱりねえ、「日本が先の大戦で敗れた」っていうことは、実に嘆《なげ》かわしいことだと思いますよ。勝っといてほしかったね。実に。

今、イスラム教国が、ちょうどインドネシアとか、東南アジアにまだあるからな。そのへんまで、われわれは勢力を伸《の》ばすつもりでいるので、日本には「油の供給」と、「労働力」が足りないだろうから、労働力の供給をもうちょっとやるから、もう一戦やっておくれ。

やっぱり、何とか白人に鉄槌《てっつい》を加えていただきたい。日本しかないんだから。

綾織　ああ、そういうことですか。

里村　日米同盟ではなく、むしろ、アメリカと戦ってほしいと？

バグダディ霊　そう。だから、おかしいよ。やられたままで、隷属《れいぞく》状態になってるよ。あれなあ？

だから、「安倍は間違えた」と言ってるんだ。本来、われわれを味方にしなきゃいけないところを、逆に彼らを味方にしたから、「間違えた」と言ってるんだ。

過去世の時代には「カリフだった」という感じは残っている

里村　そうしますと、やはり、欧米のキリスト教に対する、非常に強い反感というか、憎《にく》しみがあると？

バグダディ霊　「キリスト教国に、キリストはもういない」って言ってるじゃないですか。ねえ？　キリストを捨てた国が、今、民主主義をやってるんですから。

里村　これは、バグダディ氏の守護霊様のほうにお伺いしたいのですが、過去世において、例えば、「十字軍にやられた」とかいうご経験があるのですか。魂《たましい》の記憶《きおく》に……。

バグダディ霊　（約十五秒間の沈黙《ちんもく》）うーん、分からないが、ただ、「カリフだった」という感じは残っている。

里村　カリフですか。

バグダディ霊　うん、カリフだったと思う……。

里村　過去世において？

バグダディ霊　うーん。

里村　それは、オスマン帝国《ていこく》ですか。

バグダディ霊　今よりもずっと、もっと大きな国だったと思う。

里村　そうしたら、オスマン帝国ですか。

バグダディ霊　カリフだったと思う。

里村　その時代に？

バグダディ霊　うん。だから、カリフがカリフになろうとしているので、別におかしいことではない。

里村　オスマン帝国の前のアッバース朝は、一度、モンゴルが入ってきてやられたことがあるのですが、もしかして、そのときにやられましたか。

バグダディ霊　いや、それは分からんというか、言わん。

イスラム圏《けん》に情報発信し、「世界同時革命」を狙《ねら》っている

バグダディ霊　とりあえず、戦力比から見れば、英《えい》・米《べい》・仏《ふつ》らを中心とした欧米の空爆に持ち堪《こた》えるのがちょっと大変なことだと思っておるので、今、イスラム圏《けん》の

国々、世界のイスラム教の国々にいろいろと情報発信して、義勇軍を募《つの》っているわけだ。「国を離れても、イスラム国に忠誠を誓う」というようなところも出てきているのでね。

まあ、「世界同時革命」を狙《ねら》ってはいるんだけどねえ。

綾織　今日、お話をお伺いして、確かに一定の正当性はあると思うのですが、やはり、世界から支持を受けないところや、イスラム教国にも、そんなに支持が広がらないところを見ると、どこかに限界があるのかなと思います。

バグダディ霊　君らは、「数人」ぐらいの人質を殺したかどうかみたいなことばっかりを、一生懸命、針小棒大《しんしょうぼうだい》にやっとるけれども、われらは、女子供や民間人も含めて、数千、あるいは、それを超《こ》える「万の単位」で殺されておるんでねえ。幹部もかなりの数が殺されているので。

まあ、このままではそう長くはもたないので、ほかのところからも戦力を募りたいと思っている。外国で何らかの違った流れをつくらないかぎり、ちょっと逆流できないのでね。

〝アメリカ帝国主義〟が、もう一回、復活しようとしてる。オバマが何を狂《くる》ったか、また始めようとしているので、「自分はイスラム教徒だと名乗れ」って言いたい。そうしたら、自分らの行為を全部否定することになるはずだから。

8　今後の中東情勢はどうなるのか

「次はイランを盟主《めいしゅ》にすべく、新しい人が出てくる」

里村　最後のほうになってきましたけれども、「今後、世界中のいろいろなところからの共感が必要だ」ということでした。最近、「イスラム国」もだんだんジリ貧《ひん》のほうに行《い》っていますが、例えば、今後、日本国内で何か行動を起こしますか。

バグダディ霊　まあ、（日本では）それほど大きな力を持ってないので、大きなことは起きないだろうけれども。

ただ、私を殺しても、私の代わりの人は、次にまた出てくると思うよ。それは、イスラム国に出るかどうかは分からないけれども、イスラム圏《けん》には出るね。

次はイランだろうね。イランを盟主《めいしゅ》にすべく、出てくると思われますね。新しい人が、何度も何度も出てくると思う。

それは、やっぱり、「イスラム文明そのものを滅《ほろ》ぼす気は、神にはない」ということだと思うね。

里村　イランであればシーア派になるわけですけれども、この連鎖《れんさ》はいつまで続くのでしょうか。

バグダディ霊　まあ、「プロテスタント」と「カトリック」は一緒《いっしょ》にならないんだろう？　だから、二派ぐらいが大きくあるのはしかたがないじゃないか。まあ、しかたないな。

ユダヤ人によって世界が動かされている状態は看過《かんか》できない

綾織　戦争が続くということ自体は、どこかで終わりにしたいわけですか。

バグダディ霊　ほんとは「アラブの共通の敵」は、イスラエルのはずなのにな。分断されてるので。イスラエルに全部が結集して力を合わせないようにするために、今、欧米《おうべい》のほうは、あなたがたが知っている以上に、ＣＩＡ的な知能戦をやっている。アラブの国の足並みを乱《みだ》して、イスラエル排斥《はいせき》運動にならないように、なかで対立を起こさせているんで、「攪乱《かくらん》してるやつがいるんだ」ということは知ったほうがいいと思うよ。

里村　なるほど。

バグダディ霊　だから、欧米の力でイスラエルという国ができたけども、「千九百年もなかった国ができる」っていうことは異常ですよ。やっぱり異常なので。

逆に、キリスト教の中心部がユダヤ教に乗っ取られているから、そういうことが起きてるわけで。ロンドンでも、ニューヨークでも、その心臓部分はユダヤ人に握《にぎ》られてしまっていますからねえ。あるいは、ハリウッドもそうだと思うけどね。

だから、「ユダヤの戦略」にやられているところが大きい。わずか千何百万しかいないユダヤ人によって、世界は動かされている。この状態は、十六億人の人口を抱《かか》えるムスリム（イスラム教徒）としては看過《かんか》しがたい状態であるので、今、ムスリムには優秀《ゆうしゅう》な指導者が求められているわけだ。リーダーが出なきゃいけない。

だから、たとえ私を殺しても、「次のリーダー」がたぶん出てくる。これが延々と続く。そういう、欧米列強によるイスラム人の殺戮《さつりく》は延々と続く。「ベトナムで終わっても、こちらでは続いているんだ」ということだ。

それは、裏を返せば、「『日本が先の大戦に負けたのは、間違《まちが》ってたんだ』と言っているんだ」ということを知っておいてほしい。

「私を殺しても、次から次へと出てくる」

里村　どうしたら、そういう連鎖にピリオドを打つことができますか。

バグダディ霊　これには、「人種差別」が間に入ってるからね。明らかに「人種差別」が入ってる。

だから、彼らが大事にしているユダヤやその前の神話……。ユダヤの創世記神話、その他はみんな、本当は今のイスラム教の地域であるところのイラク辺りの神話ですよ。それが流れ込《こ》んで、今、ユダヤの古代の歴史になっているものがある。神話として入ってるけどもね。

そういう意味では、有色人種を奴隷視《どれいし》、蔑視《べっし》する権利は、彼らにはないんだと思うんだよな。

だからねえ、私は、今のままであればいずれ殺されることになるんだろうとは思うけども、私を殺しても、次から次へと、まだまだ出てくると思うよ。

里村　それは、イスラムの大義があるからですか。

バグダディ霊　うーん。「イスラムの統一っていう大義はあるんだ」ということだね。

われわれは、武器においてすごく劣《おと》っているし、今、資金のほうを兵糧攻《ひょうろうぜ》めで攻められているので、資金もなく、武器もなく、弾薬《だんやく》も尽《つ》きたら、攻め取られることになるだろうけども、他のイスラム教国のなかで、革命家が出るだろうとは思ってるよ。

まあ、日本人二人あたりが人質《ひとじち》になって殺される……、まあ、殺されていることになるだろうけれども、それは日本人にとって大変かもしらんが、「一億二千万も三千万もいる日本人のうちの二人が殺されたのは、すべて安倍《あべ》一人の戦略ミスによるんだ」ということを分かってもらえば、私としてはいいわけで。

里村　それを知らせたいと？

バグダディ霊　それさえなければ、そんなことしなかったから。私たちはしなかったので。

だから、「ジャーナリスト的な行動をしてる」と言ったけれども、外国から入ってるジャーナリストで、われわれの仲間になって戦ってる者もいるわけで。そういう人たちが、今、いろんなところに情報発信をしているんでね。

だから、日本から入った人たちも、われわれのなかに義勇軍として入れば、別に殺されることもなかったということだな。「われわれを食い物にして利益を食《は》もうとしたから、そういうことになった」ということだ。

「欧米《おうべい》も中国も帝国《ていこく》主義者たちである」という主張

綾織　イスラムの大義のところは非常によく分かったのですが、私たちの立場としては、「欧米《おうべい》に対して反省を求めながら、同時にイスラム圏の方々に新しいあり方を求めてもらう」ということを考えています。

バグダディ霊　もし、われわれの国が解体され、ほとんどの人が殺され、指導者もみんな殺され、あるいは処刑《しょけい》されても、その報道は正確なものでなく、闇《やみ》に葬《ほうむ》られることにきっとなるので、たぶん、欧米諸国がそれを反省するっていうことはないだろうと思う。「反乱した独裁者を処分した」というだけになるだろうと思う。
　そういう意味では、欧米も中国も変わらないよ。そんなに大きくな。帝国《ていこく》主義者たちだよ。

綾織　幸福の科学としては、そこを違ったかたちで反省を求めていきたいのです。

バグダディ霊　まあ、とにかく、今、武器弾薬、兵糧が全部尽きかけているし、戦《せん》闘員《とういん》にもそうとう被害《ひがい》が出ているので、今の状態であれば、二、三年ももたないかもしれないとは思うけども、われらは一種の義勇軍的なものだし、立国は神の意志だと私は固く信じているので、違ったかたちでまた出してくると思う。だけど、われらが倒《たお》されたら、次はイランが戦争になる。

里村　なるほど。

「聖なる怒《いか》りも裏にある」ということを知ってほしい

里村　最後になりますが、ご自身としては、「決して残酷《ざんこく》なことをしたくてやっているような集まりではなく、イスラムの立て直しである」と信じていると？

バグダディ霊　私たちだって、ミサイルとか、ジェット戦闘機とかいっぱい持っているんだったら、何百キロも飛んでいって空爆《くうばく》しますよ。

それで爆弾を落とすスイッチを押《お》した人であれば、自分が殺した自覚はほとんどないでしょうよ。自動的に落ちた爆弾なり、ミサイルが都市を攻撃《こうげき》して破壊《はかい》し、それで誰《だれ》が死んでも、たぶん、パイロットは、「自分が殺した」っていう自覚がないでしょうよ。だから、残忍《ざんにん》じゃないように見えるかもしれないけれども。

われわれは、手製の武器や機関銃《きかんじゅう》やナイフで殺してるから、「残虐《ざんぎゃく》に見える」って言ってるんだろうけど、それは原始的なだけですよ、手段がね。それだけのことで、「大量に殺せば残虐でなくて、少なく殺せば残虐だ」とおっしゃってるわけだ。

私たちは、ヤギや羊を殺すのと同じような手段で人を殺してるからね。まあ、それをどう思うかは自由だけどね。

ただ、「われらには、聖なる怒《いか》りも裏にあるんだ」ということは知っといてほしいなあ。

里村　今、ご自分としては、それを信じていらっしゃるわけですね。

バグダディ霊　うん、うん、うん。

里村　なるほど。

バグダディ霊　まあ、「小さな国のくせに、『大オスマン帝国を復活させる』みたいなことを言っているのは妄想《もうそう》で、狂《くる》っている」と言うなら、そうかもしらんけれども、それであれば、君たちが、「戦後七十年で国のあり方を見直して、日本を自立・独立させる」っていうのも妄想だと思うよ。

彼らのキリスト教的価値観が世界共通水準の考え方だとするんだったら、そういうことだろうね。

里村　私たちは、「言論の力」、あるいは「慈悲《じひ》の力」でもって、あるいは「智慧《ちえ》の力」で、この世界を変えていきたいと思っております。

バグダディ霊　まあ、できれば、「創造の前の破壊」でありたいとは思っておるがね。

里村　なるほど、そうですか。分かりました。

「『イスラム国』が潰《つい》えても、次はイランで戦争が起きる」

里村　最後に、もし、「イスラム国」が潰《つい》えても、次はイランで……？

バグダディ霊　イラン。次はイランで戦争が起きます。「イラン 対 イスラエル」の戦いになりますけれども、イスラム国のところが占領《せんりょう》されていたら、イラン攻撃はもっと容易になります。

里村　うーん。

バグダディ霊　イスラエルからイランまでの距離《きょり》があるために、途中《とちゅう》で、空中で給油しなければ攻撃ができない。空中攻撃ができないところがいちばんのネックです。ですから、イスラム国のところが占領地域になった場合は、イスラム国からイラン攻撃が可能になりますので、イラン攻撃はすごく……。

それに、英《えい》・米《べい》・仏《ふつ》、それからイスラエルその他の、彼らに帰順したイスラム国まで入って、そして、シーア派のイランが攻撃されることになるんでしょうけども。

まあ、「彼ら（イラン）は原爆をつくろうとしている」ということを名目にして攻撃することになるけれども、イスラエルには、すでに原爆はあるわけですから。つまり、「アメリカと同じ性能のジェット戦闘機も持っており、核《かく》兵器も持っているイスラエル」対「核兵器のない、大きな武器を持っていないイスラム諸国」です。

この前のフセインの処刑によって、イスラム国には、大量破壊兵器は存在できないようになっています。完全に査察されていますので、これはもう、われわれは、実質上、日本と同じで、戦争ができないような状態に押し込まれているわけだから、ゲリラ以外に方法はないんだということですね。

里村　なるほど。

バグダディ霊　だから、「次は、もっと悲惨《ひさん》なことが起きますよ」と。

里村　なるほど。分かりました。

今回の人質《ひとじち》事件に対する本心と、日本人へのメッセージ

里村　（他の質問者に向けて）よろしいですか？　はい。

今日は長時間にわたって、ある意味で、予想以上にバグダディ氏のいろいろなお考えを聞かせていただくことができました。

バグダディ霊　私は、沈着《ちんちゃく》冷静ですよ。

だから、「日本の人質《ひとじち》二人には申し訳ない。日本人に対しては申し訳ない、気の毒なことをした」とは言いたいけども、われらは、もう本当に半分ぐらいは殺されたかもしれないっていうぐらいの状況《じょうきょう》であるので、残念ながら、われわれにとっては、「人の価値」はすごく少ないんですよ。もう、犬や猫《ねこ》を殺すように殺されているので、われわれの仲間はね。

里村　はい。

バグダディ霊　だから、「外国人の命」はそんなに高いもんかどうかは知らないけれども、その判断は、安倍氏が来て、ひとえにイスラム国だけを……、他のイスラム教国に協力しただけじゃないですよ。イスラエルにだって、ちゃんとお金を置いていっているわけですからね。とにかく、「イスラム国」攻撃・包囲をしている国にお金を置いていったということですからね。

だから、パイロットの件については、ヨルダンに対して、「同じスンニ（派）国同士としていいのか。外国人を助けるほうを優先していいのか」っていうことの挑《ちょう》発《はっ》ではあったわけだからね。

まあ、その手段を「卑怯《ひきょう》」とおっしゃるなら、そうおっしゃって結構です。

ただ、われわれは、兵糧も武器も弾薬も尽きかけております。司令官を含《ふく》む幹部も、半分はもう殺害されている状態です。私がどういう状態かは言えないけども、頭脳は動いている状態ではありますが、私も何らかのダメージは受けているかもしれません。

だから、日本のみなさまがたには、「日本を戦争ができるような国にしても結構だけれども、『何のためにするのか』という目的のところをたださないで、戦争ができるようにだけなることが正しいわけではない」ということは、知っていただきたいなと思っています。

里村　はい。分かりました。本日は、長時間にわたり、ありがとうございました。

大川隆法　はい。どうもありがとうございました（手を二回叩《たた》く）。

9 バグダディ氏 直撃《ちょくげき》スピリチュアル・インタビューを終えて

大川隆法　意外に理性的な人ではありました。思った以上に理性的ではありましたね。うーん……、どう見ますかね？

里村　確かに、大義には同感できるところもございましたけれども、ただ……。

大川隆法　ただ、「客観情勢としては負けるだろう」ということは分かっているから。

●黄巾の乱　２世紀の後漢末期に太平道の教祖・張角が起こした反乱。最終的に鎮圧されたものの、群雄割拠の三国志時代へと移行する重要な契機となった。

里村　ええ。それはご本人がもう……。

大川隆法　まあ、群雄割拠《ぐんゆうかっきょ》の「黄巾《こうきん》の乱」のようなものでしょうね。言ってみれば、そんな感じでしょうか。

里村　はい、確かに。

大川隆法　もしかしたら、「黄巾の乱」のなかにも、光の天使はいたかもしれない。「太平天国《たいへいてんごく》の乱」のなかにも光の天使はいたかもしれないけれども、鎮圧《ちんあつ》されました。それと同じようなものかもしれません。

里村　うーん。

●太平天国の乱　19世紀の清朝期、洪秀全を天王とするキリスト教団体・太平天国が起こした反乱。一時は独立国家を宣言、南京を制圧したが、最終的に鎮圧された。この間の死者は数千万人ともいわれる。

大川隆法　サダム・フセイン、それからオサマ・ビン・ラディン亡《な》きあと、リーダーを目指しているけれども、倒《たお》される可能性は高いと見て、「次も出てくるよ」「イランのことも考えておけよ」と言っているということ、そして、イランに対し、「おまえら、傍観《ぼうかん》してたら、次にやられるのはそちらだよ」ということを、暗に言っているのでしょう。

ただ、「キリスト教国によるイスラム圏《けん》の分断作戦はある」というのは、それは確かにあるかもしれません。イスラエルのために、共闘《きょうとう》できないようにしようとしているかもしれません。

ここは難しいところです。何千年もの歴史を持っているので非常に難しいのですが、一部、理解できるところはあります。

先ほど、もう少しで口に出そうになっていたのですが、「ある意味で、明治維新《いしん》の長州藩《ちょうしゅうはん》のようなものだ」と言いそうな感じを受けました。

里村　ああ……。

大川隆法　「今は幕府にやられているところだけど、まだ巻き返しは……」という気持ちを持っている感じを受けましたがね。

まあ、しかたがありません。歴史は勝利した者が書くことになっていて、敗れた者は悪人にされていくでしょうから、まだこれだけでは、日本の協力を得るところまでは行かないでしょう。日本人の人質《ひとじち》を殺しただけでは、残念ながら、犯罪人と同じようにしか見られないので、協力は得られないことになるはずです。日本の「軍事の復活」には、多少はプラスになるものの、それがどう使われるかは分からないところではありましょうね。

うーん……、やや暴力的には見えますが、ただ、インドとは違《ちが》うから、無抵抗《むていこう》運動ができるところではないかもしれません。

里村　はい。

大川隆法　ガンジーのような無抵抗の運動ができるところではなさそうではあるから、彼らなりの地域性はあるのかもしれませんね。

里村　そうでございますね。

大川隆法　アッラーに代わって申し上げますが、いずれにせよ、私の気持ちとしては、「中東地域にも早く平和が戻《もど》ってくることを望みたい」というように考えています。

里村　はい。ありがとうございました。

大川隆法　はい（手を一回叩《たた》く）。

あとがき

本書とは別に、昨日（二月二日）、処刑された人質、後藤氏と、湯川氏の霊言も収録した。本書の翌日、発刊される予定である。できればこの両書を読み比べて頂ければ、今回のイスラム国での事件の全貌《ぜんぼう》がつかみやすいと思う。

政治家たちも全体に興奮しすぎており、歴史的な観点からイスラム国の運命を透《とう》視《し》しなくてはならないと思う。

私は誰よりも中東の平和を望む者である。

日本は「ワールド・ジャスティス」をも考える、調停者《ちょうていしゃ》的側面も忘れてはいけないと思う。本書を通じて、バグダディ氏の沈着冷静《ちんちゃくれいせい》な面が意外であった。

今が世界史の中の「イスラム」の分岐点《ぶんきてん》なのであろう。

二〇一五年　二月三日

幸福《こうふく》の科学《かがく》グループ創始者兼総裁《そうししゃけんそうさい》　大川隆法《おおかわりゅうほう》

『イスラム国〝カリフ〟バグダディ氏に直撃スピリチュアル・インタビュー』
大川隆法著作関連書籍

『救世の法』（幸福の科学出版刊）
『ムハンマドよ、パリは燃えているか。』（同右）
『中東で何が起こっているのか
——公開霊言 ムハンマド／アリー／サラディン——』（同右）
『イラク戦争は正しかったか ——サダム・フセインの死後を霊査する——』（同右）
『世界紛争の真実』（同右）
『イスラム過激派に正義はあるのか』（同右）

イスラム国《こく》〝カリフ〟バグダディ氏《し》に
直撃《ちょくげき》スピリチュアル・インタビュー

2015年 2 月 4 日　初版第 1 刷

著　者　　大《おお》 川《かわ》 隆《りゅう》 法《ほう》

発行所　　幸福の科学出版株式会社

〒107-0052 東京都港区赤坂 2 丁目 10 番 14 号
TEL(03)5573-7700
http://www.irhpress.co.jp/

印刷・製本　株式会社 東京研文社

落丁・乱丁本はおとりかえいたします

ISBN978-4-86395-644-5 C0030

大川隆法 霊言シリーズ・中東問題の真相を探る

ムハンマドよ、パリは燃えているか。
―表現の自由vs.イスラム的信仰―

「パリ新聞社襲撃テロ事件」の発端となった風刺画は、「表現の自由」か"悪魔の自由"か？ 天上界のムハンマドがキリスト教圏に徹底反論。

1,400円

中東で何が起こっているのか
公開霊言 ムハンマド／アリー／サラディン

イスラム教の知られざる成り立ちや歴史、民主化運動に隠された「神の計画」。開祖、四代目カリフ、反十字軍の英雄が、イスラム教のめざすべき未来を語る。

1,600円

世界紛争の真実
ミカエル vs. ムハンマド

米国（キリスト教）を援護するミカエルと、イスラム教開祖ムハンマドの霊言が、両文明衝突の真相を明かす。宗教対立を乗り越えるための必読の書。

1,400円

※表示価格は本体価格（税別）です。

大川隆法霊言シリーズ・中東問題の真相を探る

アサド大統領のスピリチュアル・メッセージ

英語霊言
日本語訳付き

混迷するシリア問題の真相を探るため、アサド大統領の守護霊霊言に挑む――。恐るべき独裁者の実像が明らかに!

1,400円

イラク戦争は正しかったか

サダム・フセインの死後を霊査する

全世界衝撃の公開霊言。「大量破壊兵器は存在した!」「9.11はフセインが計画し、ビン・ラディンが実行した!」――。驚愕の事実が明らかに。

1,400円

イスラム過激派に正義はあるのか

オサマ・ビン・ラディンの霊言に挑む

「アルジェリア人質事件」の背後には何があるのか――。死後も暗躍を続ける、オサマ・ビン・ラディンが語った「戦慄の事実」。

1,400円

幸福の科学出版

大川隆法 ベストセラーズ・国際政治・外交を考える

国際政治を見る眼
世界秩序《ワールド・オーダー》の新基準とは何か

日韓関係、香港民主化デモ、深刻化する「イスラム国」問題など、国際政治の論点に対して、地球的正義の観点から「未来への指針」を示す。

1,500円

「忍耐の時代」の外交戦略
チャーチルの霊言

もしチャーチルなら、どんな外交戦略を立てるのか? 〝ヒットラーを倒した男〟が語る、ウクライナ問題のゆくえと日米・日ロ外交の未来図とは。

1,400円

外交評論家・岡崎久彦
―後世に贈る言葉―

帰天後3週間、天上界からのメッセージ。中国崩壊のシナリオ、日米関係と日ロ外交など、日本の自由を守るために伝えておきたい「外交の指針」を語る。

1,400円

※表示価格は本体価格(税別)です。

幸福の科学グループのご案内

宗教、教育、政治、出版などの活動を通じて、地球的ユートピアの実現を目指しています。

宗教法人　幸福の科学

一九八六年に立宗。一九九一年に宗教法人格を取得。信仰の対象は、地球系霊団の最高大霊、主エル・カンターレ。世界百カ国以上の国々に信者を持ち、全人類救済という尊い使命のもと、信者は、「愛」と「悟り」と「ユートピア建設」の教えの実践、伝道に励んでいます。

（二〇一五年二月現在）

愛

幸福の科学の「愛」とは、与える愛です。これは、仏教の慈悲《じひ》や布施《ふせ》の精神と同じことです。信者は、仏法真理をお伝えすることを通して、多くの方に幸福な人生を送っていただくための活動に励んでいます。

悟り

「悟り」とは、自らが仏の子であることを知るということです。教学《きょうがく》や精神統一によって心を磨き、智慧《ちえ》を得て悩みを解決すると共に、天使・菩薩《ぼさつ》の境地を目指し、より多くの人を救える力を身につけていきます。

ユートピア建設

私たち人間は、地上に理想世界を建設するという尊い使命を持って生まれてきています。社会の悪を押しとどめ、善を推し進めるために、信者はさまざまな活動に積極的に参加しています。

国内外の世界で貧困や災害、心の病で苦しんでいる人々に対しては、現地メンバーや支援団体と連携して、物心両面にわたり、あらゆる手段で手を差し伸べています。

年間約３万人の自殺者を減らすため、全国各地で街頭キャンペーンを展開しています。

公式サイト　**www.withyou-hs.net**

ヘレン・ケラーを理想として活動する、ハンディキャップを持つ方とボランティアの会です。視聴覚障害者、肢体不自由な方々に仏法真理を学んでいただくための、さまざまなサポートをしています。

公式サイト　**www.helen-hs.net**

教育

学校法人 幸福の科学学園

学校法人 幸福の科学学園は、幸福の科学の教育理念のもとにつくられた教育機関です。人間にとって最も大切な宗教教育の導入を通じて精神性を高めながら、ユートピア建設に貢献する人材輩出を目指しています。

幸福の科学学園

中学校・高等学校（那須本校）
2010年4月開校・栃木県那須郡（男女共学・全寮制）
TEL **0287-75-7777**
公式サイト **happy-science.ac.jp**

関西中学校・高等学校（関西校）
2013年4月開校・滋賀県大津市（男女共学・寮及び通学）
TEL **077-573-7774**
公式サイト **kansai.happy-science.ac.jp**

ハッピー・サイエンス・ユニバーシティ（HSU）
TEL **03-6277-7248**（HSU準備室）

仏法真理塾「サクセスNo.1」 TEL **03-5750-0747**（東京本校）

小・中・高校生が、信仰教育を基礎にしながら、「勉強も『心の修行』」と考えて学んでいます。

不登校児支援スクール「ネバー・マインド」 TEL **03-5750-1741**
心の面からのアプローチを重視して、不登校の子供たちを支援しています。
また、障害児支援の **「ユー・アー・エンゼル!」運動**も行っています。

エンゼルプランV TEL **03-5750-0757**
幼少時からの心の教育を大切にして、信仰をベースにした幼児教育を行っています。

シニア・プラン21 TEL **03-6384-0778**
希望に満ちた生涯現役人生のために、年齢を問わず、多くの方が学んでいます。

NPO活動支援

学校からのいじめ追放を目指し、さまざまな社会提言をしています。また、各地でのシンポジウムや学校への啓発ポスター掲示等に取り組む一般財団法人「いじめから子供を守ろうネットワーク」を支援しています。

ブログ **blog.mamoro.org**
公式サイト **mamoro.org**
相談窓口 **TEL.03-5719-2170**

政治

幸福実現党

内憂《ないゆう》外患《がいかん》の国難に立ち向かうべく、二〇〇九年五月に幸福実現党を立党しました。創立者である大川隆法党総裁の精神的指導のもと、宗教だけでは解決できない問題に取り組み、幸福を具体化するための力になっています。

党員の機関紙
「幸福実現NEWS」

TEL 03-6441-0754
公式サイト hr-party.jp

出版メディア事業

幸福の科学出版

大川隆法総裁の仏法真理の書を中心に、ビジネス、自己啓発、小説など、さまざまなジャンルの書籍・雑誌を出版しています。他にも、映画事業、文学・学術発展のための振興事業、テレビ・ラジオ番組の提供など、幸福の科学文化を広げる事業を行っています。

アー・ユー・ハッピー?
are-you-happy.com

ザ・リバティ
the-liberty.com

幸福の科学出版
TEL 03-5573-7700
公式サイト irhpress.co.jp

THE FACT

ザ・ファクト
マスコミが報道しない
「事実」を世界に伝える
ネット・オピニオン番組

Youtubeにて
随時好評配信中!

ザ・ファクト　検索